Etapas

Libro del alumno

Etapa 1
Cosas

Nivel

A1.1

1.ª edición: 2009   2.ª impresión: 2010   3.ª impresión: 2011   4.ª impresión: 2012   5.ª impresión: 2013   **6.ª impresión: 2014**

© Editorial Edinumen, 2009.
© **Equipo Entinema:** Sonia Eusebio Hermira, Anabel de Dios Martín, Beatriz Coca del Bosque, Elena Herrero Sanz, Macarena Sagredo Jerónimo.
  Coordinación: Sonia Eusebio Hermira.
© **Autoras de este material:** Anabel de Dios Martín y Sonia Eusebio Hermira.

Coordinación editorial:
Mar Menéndez

Diseño de cubierta:
Carlos Casado

ISBN: 978-84-9848-180-8

Diseño y maquetación:
Carlos Casado y Juanjo López

Ilustraciones:
Olga Carmona y Carlos Casado

Dep. Legal: M-1011-2014

Fotografías:
Archivo Edinumen

Impresión:
Gráficas Rogar.
Navalcarnero (Madrid)

Editorial Edinumen
José Celestino Mutis, 4.
28028 Madrid
Teléfono: 91 308 51 42
Fax: 91 319 93 09
e-mail: edinumen@edinumen.es
www.edinumen.es

Instituto Cervantes

Este método se adecua a los fines del *Plan Curricular* del Instituto Cervantes
La marca del Instituto Cervantes y su logotipo son propiedad exclusiva del Instituto Cervantes

Edi
numen

Introducción

Etapas es un curso de español cuya característica principal es su distribución **modular** y **flexible**. Basándose en un enfoque orientado a la acción, las unidades didácticas se organizan en torno a un objetivo o tema que dota de contexto a las tareas que en cada una de ellas se proponen.

Los contenidos de **Etapas** están organizados para implementarse en un curso de 20 a 40 horas lectivas según el número de actividades opcionales, actividades extras y material complementario que se desee utilizar en el aula.

Extensión digital de **Etapa 1**: consulta nuestra **ELEteca**, en la que puedes encontrar, con descarga gratuita, materiales que complementan este método.

ELEteca
un espacio en constante
actualización

La Extensión digital **para el alumno** contiene los siguientes materiales:

- Prácticas interactivas
- Claves y transcripciones del libro de ejercicios
- Resumen lingüístico-gramatical

La Extensión digital para el **profesor** contiene los siguientes materiales:

- Libro digital del profesor: introducción, guía del profesor, claves, fichas fotocopiables, transparencias...
- Fichas de cultura hispanoamericana
- Resumen lingüístico-gramatical

Recursos del alumno:

Código de acceso

98481808
www.edinumen.es/eleteca

Recursos del profesor:

Código de acceso

Localiza el código de acceso en el
Libro del profesor

En el futuro, podrás encontrar nuevas actividades. **Visita la ELEteca**

Descripción de los iconos ....

 → Actividad de interacción oral.

 → Actividad de reflexión lingüística.

 → Actividad de producción escrita.

 → Comprensión auditiva. El número indica el número de pista.

 → Comprensión lectora.

 → Actividad opcional.

Índice de contenidos

Unidad I

Cosas del primer día

Tareas:
- Conocer a los compañeros de la clase.
- Conocer a otras personas.

Contenidos funcionales:
- Preguntar información personal y presentarse: nacionalidad, edad, lengua, profesión y dirección.
- Saludar y despedirse.
- Comunicarse en el aula.

Contenidos lingüísticos:
- 1.ª y 2.ª persona del singular del presente de indicativo de los verbos *ser, tener, llamarse, dedicarse a* y *hablar*.
- Interrogativos: *dónde, cómo* y *qué*.
- Alfabeto.
- *¿Cómo se dice…?*
- *¿Qué significa…?*
- *Más despacio/alto, por favor.*
- *¿Puedes repetir?*
- Números del 1 al 1000.

Contenidos léxicos:
- Profesiones.
- Países y nacionalidades.
- El aula.

Contenidos culturales:
- Países de habla hispana.
- Nombres y apellidos.

I — Vamos a conocernos

I.I. Escucha a tu profesor presentarse y completa los dos primeros datos. Después preséntate a tus compañeros.

Tu profesor/a

[1] **Nombre:** ....
[2] **Nacionalidad:** ....
[3] **Edad:** ....
[4] **Domicilio:** ....
[5] **Lenguas:** ....

Hola, me llamo…

I.2. Conoce más cosas: pregunta a tres compañeros y después completa las fichas.

[1] **Nombre:** ....
[2] **Nacionalidad:** ....
[3] **Edad:** ....
[4] **Domicilio:** ....
[5] **Lenguas:** ....

[1] **Nombre:** ....
[2] **Nacionalidad:** ....
[3] **Edad:** ....
[4] **Domicilio:** ....
[5] **Lenguas:** ....

[1] **Nombre:** ....
[2] **Nacionalidad:** ....
[3] **Edad:** ....

[4] **Domicilio:** ....
[5] **Lenguas:** ....

I.3. Presenta a tus compañeros al resto de la clase.

I.4. | **R** | Completa los espacios en blanco.

Para preguntar y dar información personal

	Pregunta (¿?)		Respuesta
1. Nombre.	¿Cómo ___te___ llamas?		Me llamo ___Martin___.
2. Nacionalidad.	¿De dónde ___eres___ ?		Soy de ___Inglaterra___.
3. Edad.	¿Cuántos años ___tienes___ ?		Tengo ___cincuenta y siete___ (años).
4. Domicilio.	¿Dónde ___vives___ ?		Vivo en ___Huston___, en la calle ___London___.
5. Lenguas.	¿Qué lenguas ___hablas___ ?		Hablo ___Ingles___.

2 Conocer a otras personas

2.1. Vamos a conectarnos a Internet para conocer a otros hablantes hispanos. Mira el mapa y señala los países en los que se habla español.

2.2. Cinco personas hispanas van a ser nuestros compañeros por Internet. ¿De qué países son? Para adivinarlos te proponemos un juego.

2.2.1. Mira y repite con tu profesor las letras del alfabeto.

A a	B be	C ce	Ch che	D de	E e	F efe	G ge
H hache	I i	J jota	K ka	L ele	Ll elle	M eme	N ene
Ñ eñe	O o	P pe	Q cu	R erre	S ese	T te	U u
V uve	W uve doble	X equis	Y i griega	Z zeta			

La che y la elle son grupos de dos letras que representan un sonido.

2.2.2. Escucha la grabación e identifica los países de los compañeros hispanos. Marca con un círculo las letras que oigas.

País a

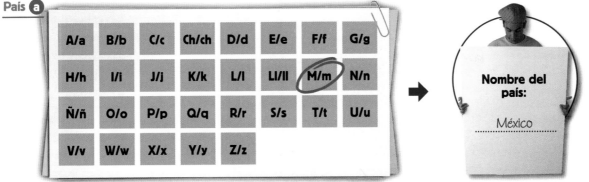

A/a	B/b	C/c	Ch/ch	D/d	E/e	F/f	G/g
H/h	I/i	J/j	K/k	L/l	Ll/ll	M/m	N/n
Ñ/ñ	O/o	P/p	Q/q	R/r	S/s	T/t	U/u
V/v	W/w	X/x	Y/y	Z/z			

Nombre del país:

México

País **b**

A/a	B/b	C/c	Ch/ch	D/d	E/e	F/f	G/g
H/h	I/i	J/j	K/k	L/l	Ll/ll	M/m	N/n
Ñ/ñ	O/o	P/p	Q/q	R/r	S/s	T/t	U/u
V/v	W/w	X/x	Y/y	Z/z			

Nombre del país:

Colombia

País **c**

A/a	B/b	C/c	Ch/ch	D/d	E/e	F/f	G/g
H/h	I/i	J/j	K/k	L/l	Ll/ll	M/m	N/n
Ñ/ñ	O/o	P/p	Q/q	R/r	S/s	T/t	U/u
V/v	W/w	X/x	Y/y	Z/z			

Nombre del país:

Uruguay

País **d**

A/a	B/b	C/c	Ch/ch	D/d	E/e	F/f	G/g
H/h	I/i	J/j	K/k	L/l	Ll/ll	M/m	N/n
Ñ/ñ	O/o	P/p	Q/q	R/r	S/s	T/t	U/u
V/v	W/w	X/x	Y/y	Z/z			

Nombre del país:

Chile

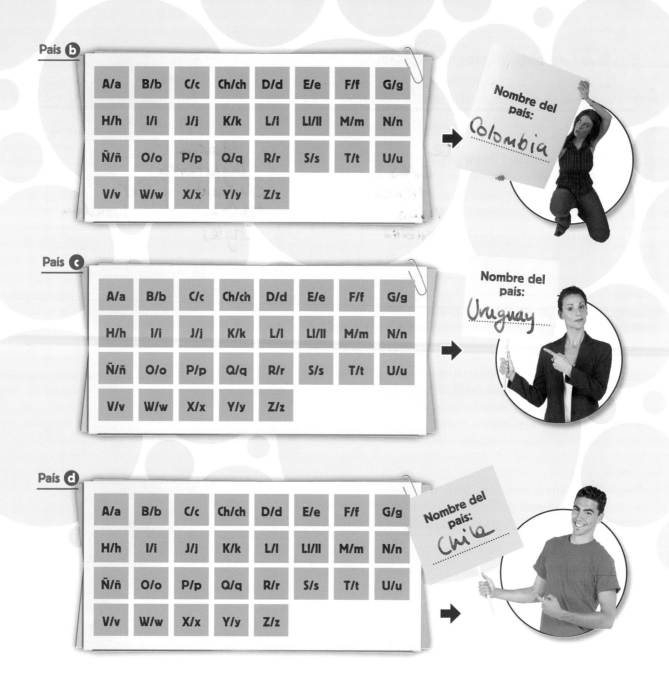

2.3. 🗣 Otras nacionalidades. Dividid la clase en tríos.

Alumno A

1.º) Deletrea a tu compañero los países que tienes.
2.º) Escucha a tu compañero cómo deletrea algunos países y escríbelos al lado de su nacionalidad.

País		Nacionalidad	País		Nacionalidad
[1]	➡	argentino/a	[9]	➡	estadounidense
[2] Uruguay	➡	uruguayo/a	[10] Panamá	➡	panameño/a
[3]	➡	mexicano/a	[11]	➡	español/a
[4]	➡	chileno/a	[12]	➡	alemán/alemana
[5] Colombia	➡	colombiano/a	[13]	➡	canadiense
[6]	➡	brasileño/a	[14] Venezuela	➡	venezolano/a
[7]	➡	inglés/inglesa	[15]	➡	japonés/japonesa
[8] Italia	➡	italiano/a			

Unidad I

Alumno B

1.°) Deletrea a tu compañero los países que tienes.

2.°) Escucha a tu compañero cómo deletrea algunos países y escríbelos al lado de su nacionalidad.

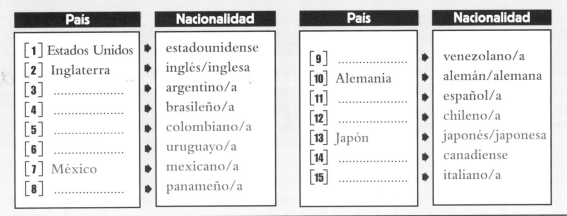

País	Nacionalidad	País	Nacionalidad
[1] Estados Unidos ➡	estadounidense	[9] .... ➡	venezolano/a
[2] Inglaterra ➡	inglés/inglesa	[10] Alemania ➡	alemán/alemana
[3] .... ➡	argentino/a	[11] .... ➡	español/a
[4] .... ➡	brasileño/a	[12] .... ➡	chileno/a
[5] .... ➡	colombiano/a	[13] Japón ➡	japonés/japonesa
[6] .... ➡	uruguayo/a	[14] .... ➡	canadiense
[7] México ➡	mexicano/a	[15] .... ➡	italiano/a
[8] .... ➡	panameño/a		

Alumno C

1.°) Deletrea a tu compañero los países que tienes.

2.°) Escucha a tu compañero cómo deletrea algunos países y escríbelos al lado de su nacionalidad.

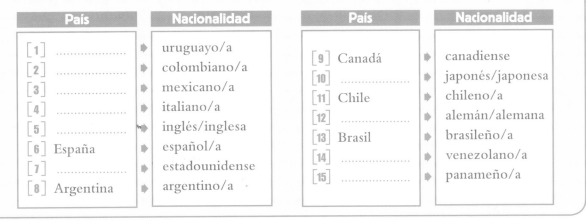

País	Nacionalidad	País	Nacionalidad
[1] .... ➡	uruguayo/a	[9] Canadá ➡	canadiense
[2] .... ➡	colombiano/a	[10] .... ➡	japonés/japonesa
[3] .... ➡	mexicano/a	[11] Chile ➡	chileno/a
[4] .... ➡	italiano/a	[12] .... ➡	alemán/alemana
[5] .... ➡	inglés/inglesa	[13] Brasil ➡	brasileño/a
[6] España ➡	español/a	[14] .... ➡	venezolano/a
[7] .... ➡	estadounidense	[15] .... ➡	panameño/a
[8] Argentina ➡	argentino/a		

2.4.  Mira los países que tienes a la izquierda y, con tu compañero, busca en la sopa de letras las nacionalidades. Para ayudarte, fíjate en que, normalmente, la nacionalidad es muy similar al nombre del país.

a. Brasil
b. Inglaterra
c. Italia
d. Estados Unidos
e. Panamá
f. España ✔
g. Alemania
h. Canadá
i. Venezuela
j. Japón

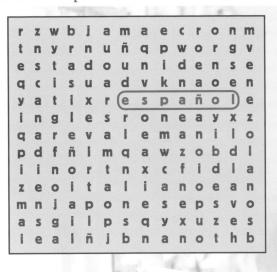

```
r z w b j a m a e c r o n m
t n y r n u ñ q p w o r g v
e s t a d o u n i d e n s e
q c i s u a d v k n a o e n
y a t i x r e s p a ñ o l e
i n g l e s r o n e a y x z
q a r e v a l e m a n i l o
p d f ñ l m q a w z o b d l
i i n o r t n x c f i d l a
z e o i t a l i a n o e a n
m n j a p o n e s e p s v o
a s g i l p s q y x u z e s
i e a l ñ j b n a n o t h b
```

3 Conocer las profesiones de los compañeros

3.1. Estos son los compañeros hispanos y sus profesiones, pero están desordenados. En la grabación se presentan a la clase: escucha y relaciónalos con sus profesiones.

❶ _e e_  Hugo

❷ _b_  Gabriela

❸ _a_  Federico

❹ _c_  Yanina

❺ _d_  Gerardo

 ⓐ Camarero/a

 ⓑ Médico/a

 ⓒ Informático/a

 ⓓ Profesor/a

 ⓔ Estudiante

3.2. Completa los espacios en blanco con la ayuda de tu profesor.

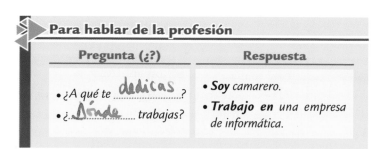

Para hablar de la profesión

Pregunta (¿?)	Respuesta
• ¿A qué te _dedicas_ ? • ¿_Dónde_ trabajas?	• **Soy** camarero. • **Trabajo en** una empresa de informática.

3.3. Levántate y pregunta la profesión a tus compañeros. Pregúntales también por qué quieren aprender español. Mira primero el ejemplo:

¿A qué te dedicas?

Soy estudiante.

¿Y por qué quieres aprender español?

Para viajar.

Unidad 1

Otras razones para aprender español:

- por trabajo
- para viajar
- por estudios
- por placer
- para chatear
- ...

3.4. 🔊 Vuelve a escuchar la grabación de la actividad 3.1. con las presentaciones de los compañeros hispanos y escribe las preguntas correspondientes a la información que nos dan.

1. Federico

[a] ¿ ....Cómo te llamas.............. ?
[b] ¿ ....Cuántos años tienes.............. ?
[c] ¿ ....A qué te dedicas.............. ?

2. Yanina

[a] ¿ ....Cómo te llamas.............. ?
[b] ¿ .... ?
[c] ¿ .... ?

3. Gabriela

[a] ¿ .... ?
[b] ¿ .... ?
[c] ¿ .... ?
[d] ¿ .... ?

4. Gerardo

[a] ¿ .... ?
[b] ¿ .... ?
[c] ¿ .... ?
[d] ¿ .... ?

5. Hugo

[a] ¿ .... ?
[b] ¿ .... ?
[c] ¿ .... ?
[d] ¿ .... ?

3.5. ✏️ ¿Cómo nos saludamos en español? Completa este diálogo con las palabras del recuadro.

Hola ▪ días ▪ Encantada ▪ Qué

Diálogo 1

► .... Me llamo Hans, ¿y tú?
▷ Steven. ¿.................... tal?

Diálogo 2

► Buenos.................... Soy Lara.
▷ Yo me llamo Rubén.
► ....

3.6. 🗣️ Para practicar, vuestro profesor os va a dar personalidades ficticias; tenéis que preguntaros, unos a otros, por vuestra nueva identidad y descubrir a qué personas de la clase corresponden cada una de estas frases. Cada frase se refiere a una persona distinta.

[1] **Es inglesa:** Susan es inglesa
[2] **Tiene 30 años:** Sergio ~~tenga~~ tiene trenta años
[3] **Es fotógrafa:** Andrea ~~Bruno~~ es fotógrafica
[4] **Vive en Roma:** Paulo vive en Roma
[5] **Habla alemán y chino:** Mao

4 Comunicarnos en la clase

4.1. Fíjate en esta imagen.

4.2. Mira el siguiente cuadro y completa los espacios en blanco. Si no entiendes algo, pregunta a tu profesor.

> ## Comunicarse en clase
>
> ■ Cuando no sabemos el nombre de una palabra en español, podemos preguntar:
> – ¿Cómo se ......*dice*...... "table" en español?
>
> ■ Cuando no sabemos el significado de una palabra, podemos preguntar:
> – ¿Qué .... "mesa"?
>
> ■ Cuando no entendemos bien, podemos decir:
> – ¿Puedes repetir, por favor?
> – Más despacio, ...
> – Más alto, ...

4.3. Ahora practica con tu compañero.

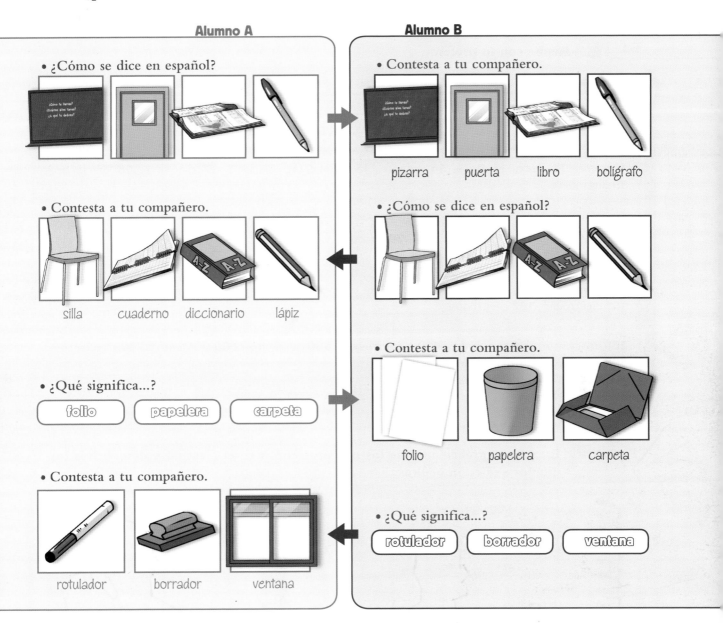

Alumno A

• ¿Cómo se dice en español?

• Contesta a tu compañero.

silla   cuaderno   diccionario   lápiz

• ¿Qué significa...?

folio   papelera   carpeta

• Contesta a tu compañero.

rotulador   borrador   ventana

Alumno B

• Contesta a tu compañero.

pizarra   puerta   libro   bolígrafo

• ¿Cómo se dice en español?

• Contesta a tu compañero.

folio   papelera   carpeta

• ¿Qué significa...?

rotulador   borrador   ventana

4.4. Completa este cuadro con las palabras que has aprendido en la imagen de 4.1.

Vocabulario del aula

1. silla
2. mesa
3. puerta
4. pizarra
5. libro
6. boligrafo
7. cuaderno
8. diccionario
9. lápiz
10. folio
11. papelera
12. carpeta
13. rotulador
14. borrador
15. ventana

5 Jugar con los números

R **Repite con tu profesor.**

Los números

1 uno, **2** dos, **3** tres, **4** cuatro, **5** cinco, **6** seis, **7** siete, **8** ocho, **9** nueve, **10** diez.

11 once, **12** doce, **13** trece, **14** catorce, **15** quince, **16** dieciséis, **17** diecisiete, **18** dieciocho, **19** diecinueve.

20 veinte, **21** veintiuno, **22** veintidós, **23** veintitrés, **24** veinticuatro, **25** veinticinco, **26** veintiséis, **27** veintisiete, **28** veintiocho, **29** veintinueve, **30** treinta, **31** treinta y uno..., **33** treinta y tres..., **40** cuarenta, **41** cuarenta y uno..., **45** cuarenta y cinco..., **50** cincuenta..., **53** cincuenta y tres, **59** cincuenta y nueve, **60** sesenta..., **66** sesenta y seis, **67** sesenta y siete..., **70** setenta..., **75** setenta y cinco..., **80** ochenta..., **88** ochenta y ocho..., **90** noventa..., **93** noventa y tres..., **100** cien, **101** ciento uno, **102** ciento dos...

200 doscientos, **300** trescientos, **400** cuatrocientos, **500** quinientos, **600** seiscientos, **700** setecientos, **800** ochocientos, **900** novecientos, **1000** mil.

5.2. ⊕ **Vamos a jugar con los números.**

5.2.l. 🔊 **Escucha la grabación, une los números como en el ejemplo y descubrirás los dibujos que están ocultos.**
[3]

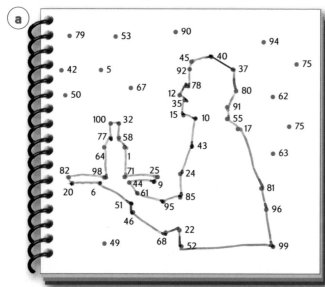

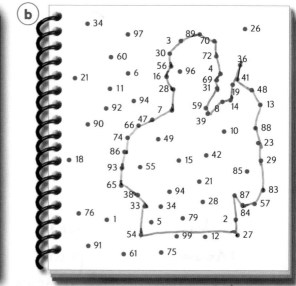

5.3. 🔊 **Escucha la grabación y escribe los números que oigas.**
[4]

[a] ....32........   [e] ....75........   [h] ......62 x 102......

[b] ......896.......   [f] ......347.......   [i] ....534.......

[c] ......58........   [g] ......69 x.......   [j] ......25 25.......

[d] ......31........   129

Unidad 2

Cosas de familia

Tareas:
- Conocer a nuevos compañeros.
- Conocer a la familia de los compañeros.
- Describir el físico y el carácter de los compañeros.

Contenidos funcionales:
- Presentar a una tercera persona: nacionalidad, edad, lengua, profesión y dirección.
- Describir el físico de una persona.
- Describir el carácter de una persona.

Contenidos lingüísticos:
- 3.ª persona del singular del presente de indicativo de los verbos *ser*, *tener*, *llamarse*, *dedicarse a* y *hablar*.
- Preguntas y respuestas para presentar a otra persona.
- Adjetivos de descripción física y de carácter.
- Algunas reglas de fonética y ortografía.
- Adjetivos posesivos.

Contenidos léxicos:
- La familia.
- Descripción física.
- Descripción de la personalidad.

Contenidos culturales:
- La familia hispana.

---

1 Conocer a nuevos compañeros

1.1. Samuel es otro compañero de Internet. Mira su ficha y escribe las preguntas que necesitas para completarla.

[1] **Nombre:** Samuel ➤ ¿ Como te llamas ?
[2] **Nacionalidad:** España ➤ ¿ De donde eres ?
[3] **Edad:** Cuarenta (40) ➤ ¿ Cuantos anos tienes ?
[4] **Domicilio:** Madrid ➤ ¿ Donde vives ?
[5] **Profesión:** Profesor ➤ ¿ A que te dedicas ?
[6] **Lenguas:** Español ➤ ¿ Que lenguas hablas ?

1.2. Este es el mensaje que ha mandado Samuel: léelo y completa la ficha de 1.1.

Foro

Samuel

Hola, ¿qué tal? Me llamo Samuel, soy de Madrid y también vivo aquí, en la calle del Pez. Trabajo en una escuela de lenguas como profesor de español y hablo perfectamente español, claro, inglés, y un poco de portugués. ¡Ah! Tengo cuarenta años... Encantado de conoceros.

2 Conocer a la familia de los compañeros

2.1. Este es el árbol genealógico de la familia de Samuel. Mira la foto y piensa qué significan las palabras que están en el cuadro. Con tu compañero, completa en el árbol los espacios de b, f, g, i.

> madre ■ mujer (esposa) ■ hermano ■ sobrino

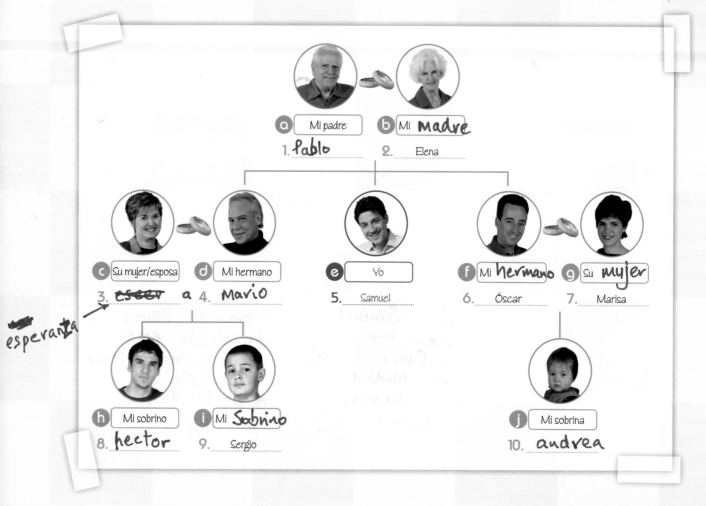

a Mi padre
1. Pablo

b Mi **madre**
2. Elena

c Su mujer/esposa
3. ~~esser~~ a esperanza

d Mi hermano
4. Mario

e Yo
5. Samuel

f Mi **hermano**
6. Óscar

g Su **mujer**
7. Marisa

h Mi sobrino
8. hector

i Mi **Sobrino**
9. Sergio

j Mi sobrina
10. andrea

2.2. Escucha la siguiente grabación donde Samuel nos presenta a su familia y corrige tu respuesta de 2.1.

2.3. Vuelve a escuchar la grabación anterior y escribe en 2.1. cómo se llaman las personas de la familia de Samuel. Emplea los espacios señalados con un número.

Unidad 2

2.4. **R** Mira la transcripción de la grabación anterior y, con la ayuda de tu profesor, completa el siguiente cuadro, según las relaciones de parentesco. Sigue el ejemplo.

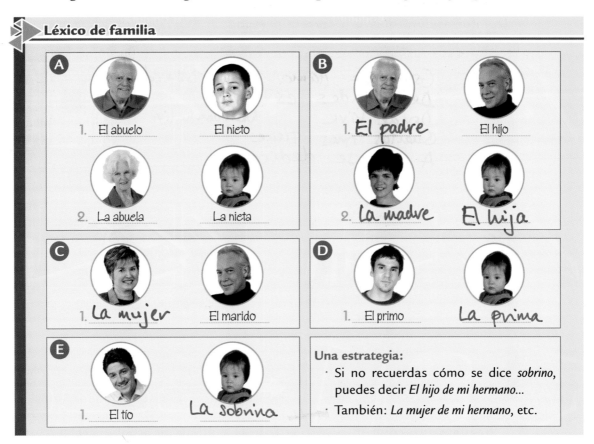

Léxico de familia

A
1. El abuelo — El nieto
2. La abuela — La nieta

B
1. *El padre* — El hijo
2. *La madre* — *El hija*

C
1. *La mujer* — El marido

D
1. El primo — *La prima*

E
1. El tío — *La sobrina*

Una estrategia:
- Si no recuerdas cómo se dice *sobrino*, puedes decir *El hijo de mi hermano*...
- También: *La mujer de mi hermano*, etc.

2.5. [6] Fíjate en estas imágenes: son algunos datos de los miembros de la familia de Samuel. Escucha de nuevo a Samuel: ¿qué imagen le corresponde a cada miembro?

A — 68 años
B — 64 años
C
D — Sevilla
E
F
G — Madrid
H

[1] El padre: Pablo ▸ A C G
[2] El hermano: Óscar ▸ E G
[3] La madre: Elena ▸ B
[4] La cuñada: Esperanza ▸ F
[5] El hermano: Mario ▸ D E
[6] La cuñada: Marisa ▸ H

2.5.1. Ahora escribe la frase completa.

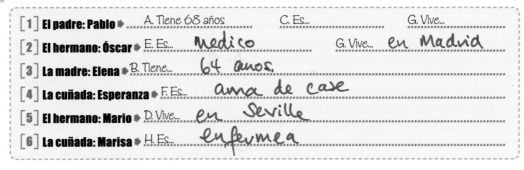

[1] **El padre: Pablo** ▸ A. Tiene 68 años   C. Es...   G. Vive...
[2] **El hermano: Óscar** ▸ E. Es... *medico*   G. Vive... *en Madrid*
[3] **La madre: Elena** ▸ B. Tiene... *64 años,*
[4] **La cuñada: Esperanza** ▸ F. Es... *ama de case*
[5] **El hermano: Mario** ▸ D. Vive... *en Seville*
[6] **La cuñada: Marisa** ▸ H. Es... *enfermea*

2.6. **R** Completa el cuadro. Para preguntar o dar información sobre una tercera persona, usamos...

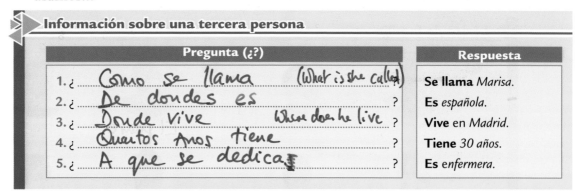

Información sobre una tercera persona

Pregunta (¿?)	Respuesta
1.¿ Cómo se llama (what is she called)	**Se llama** *Marisa*.
2.¿ De dondes es ?	**Es** *española*.
3.¿ Donde vive Where does he live ?	**Vive** en *Madrid*.
4.¿ Quartos Anos tiene ?	**Tiene** *30 años*.
5.¿ A que se dedicas ?	**Es** *enfermera*.

Adjetivos posesivos

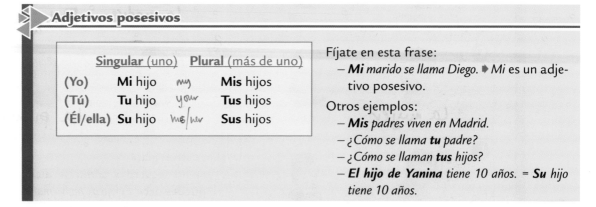

	Singular (uno)		Plural (más de uno)
(Yo)	**Mi** hijo	my	**Mis** hijos
(Tú)	**Tu** hijo	your	**Tus** hijos
(Él/ella)	**Su** hijo	his/her	**Sus** hijos

Fíjate en esta frase:
— ***Mi** marido se llama Diego.* ▶ *Mi* es un adjetivo posesivo.

Otros ejemplos:
— ***Mis** padres viven en Madrid.*
— *¿Cómo se llama **tu** padre?*
— *¿Cómo se llaman **tus** hijos?*
— ***El hijo de Yanina** tiene 10 años.* = ***Su** hijo tiene 10 años.*

2.7. Pregunta a tu compañero por su familia y dibuja su árbol genealógico para mandarlo por Internet.

2.8. Los compañeros hispanos nos presentan a sus familias, pero un problema con Internet ha mezclado los datos. Lee las frases y relaciona la información de cada persona.

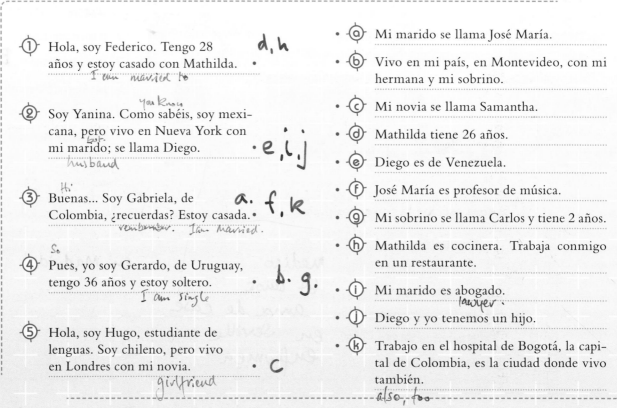

① Hola, soy Federico. Tengo 28 años y estoy casado con Mathilda. •   d, h
   I am married to

② Soy Yanina. Como sabéis, soy mexicana, pero vivo en Nueva York con mi marido; se llama Diego.   • e, i, j
   you know / but / husband

③ Buenas... Soy Gabriela, de Colombia, ¿recuerdas? Estoy casada. •   a, f, k
   Hi / remember. I am married.

④ Pues, yo soy Gerardo, de Uruguay, tengo 36 años y estoy soltero.   • d, g.
   So / I am single

⑤ Hola, soy Hugo, estudiante de lenguas. Soy chileno, pero vivo en Londres con mi novia. •   c
   girlfriend

• ⓐ Mi marido se llama José María.

• ⓑ Vivo en mi país, en Montevideo, con mi hermana y mi sobrino.

• ⓒ Mi novia se llama Samantha.

• ⓓ Mathilda tiene 26 años.

• ⓔ Diego es de Venezuela.

• ⓕ José María es profesor de música.

• ⓖ Mi sobrino se llama Carlos y tiene 2 años.

• ⓗ Mathilda es cocinera. Trabaja conmigo en un restaurante.

• ⓘ Mi marido es abogado.
   lawyer

• ⓙ Diego y yo tenemos un hijo.

• ⓚ Trabajo en el hospital de Bogotá, la capital de Colombia, es la ciudad donde vivo también.
   also, too

2.9. Nos gustaría saber más información de la familia de los compañeros hispanos. Escribe las preguntas que necesitas para mandarlas por Internet.

[1] **Domicilio de Federico** ➤ ¿ *Donde vive Federico.* ?

[2] **Edad del marido de Yanina** ➤ ¿ *Quantos anos tiene Diego* ?

[3] **Nombre del hijo de Yanina** ➤ ¿ *Como se llama el hijo de Yanina* ?
Age

[4] **Edad del hijo de Yanina** ➤ ¿ *Quantos anos tiene el hijo de Yanina* ?

[5] **Nacionalidad del marido de Gabriela** ➤ ¿ *De Donde es Jose Maria* ?

[6] **Edad de Gabriela** ➤ ¿ *Quanto anos tiene Gabriella* ?

[7] **Nombre de la hermana de Gerardo** ➤ ¿ ¿ *Como se llama la hermana de Gerado* ?

[8] **Profesión de la hermana de Gerardo** ➤ ¿ ¿ *A que se dedica la hermana de Gerado* ?

[9] **Nacionalidad de la novia de Hugo** ➤ ¿ *De donde es la novia de Hugo* ?

[10] **Edad de Hugo** ➤ ¿ *Quantos anos tiene Hugo* ?

[11] **Profesión de la novia de Hugo** ➤ ¿ *A que se dedica la novia de Hugo* ?

2.10. Tu profesor tiene las respuestas a las anteriores preguntas. Tenéis que levantaros y buscar la información que os falta.

¿Dónde vive Federico?

3 Conocer el físico de los compañeros

3.1. Lee la descripción de Federico y Yanina. Mira las imágenes que tienes a continuación y trata de descubrir qué significan las palabras subrayadas.

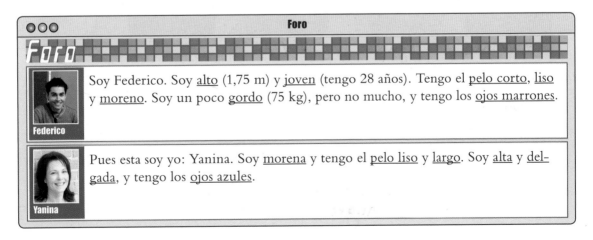

Foro

Federico: Soy Federico. Soy <u>alto</u> (1,75 m) y <u>joven</u> (tengo 28 años). Tengo el <u>pelo corto</u>, <u>liso</u> y <u>moreno</u>. Soy un poco <u>gordo</u> (75 kg), pero no mucho, y tengo los <u>ojos marrones</u>.

Yanina: Pues esta soy yo: Yanina. Soy <u>morena</u> y tengo el <u>pelo liso</u> y <u>largo</u>. Soy <u>alta</u> y <u>delgada</u>, y tengo los <u>ojos azules</u>.

A

1. rubia
2. *Moreno*
3. *castaño*
4. *pelirroja*

Black *(above photo 2)*
Brown *(above photo 3)*

moreno
castaño
rubia
pelirroja

Hair
black
brown
blond
red head.

B

1. delgada
2. *gordo*
3. *bajo*
4. alto

delgada
≠
gordo
―――
bajo
≠
alto

thin
fat
short
tall

C

1. *liso*
2. rizado
3. *largo*
4. corto

rizado
≠
liso
―――
corto
≠
largo

curly
strait
short
long

D

1. *jove*
2. viejo/anciano

(rude when applied to people.)

joven
≠
viejo/anciano
―――
guapa
≠
fea

E

1. *guapa*
2. fea

young
old
pretty
ugly.

F

1. *Marrones*
2. *Azules*
3. *Verdes*
4. negros

marrones
azules
verdes
negros

brown
blue
green
black.

G

1. blanco
2. *negro*
3. oriental

oriental
blanco
negro

3.2. Algunas de estas fotos son las fotos de Gabriela, Gerardo y Hugo. Lee las descripciones que nos han mandado y relaciónalas con la imagen correspondiente.

Foro

1. Qué feo estoy en esta foto. Soy **Hugo**: soy alto y pelirrojo, tengo los ojos azules y el pelo largo y rizado. Es que mis abuelos eran ingleses. ☐

2. Yo soy **Gabriela**, soy rubia y tengo el pelo corto y liso. Soy baja y delgada y llevo gafas. E

3. Pues yo soy **Gerardo**, moreno y con canas. Tengo el pelo rizado y corto. Llevo bigote y barba. Soy bajo y tengo los ojos marrones. ☐

A.   B.   C.   D.   E.   F.

3.3. **R** Para describir físicamente a personas, usamos los verbos *ser*, *tener* y *llevar*.

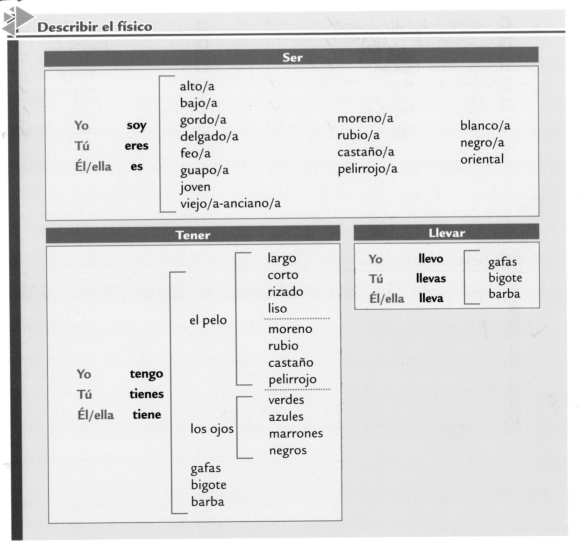

Describir el físico

Ser

Yo	soy	alto/a		
Tú	eres	bajo/a	moreno/a	blanco/a
Él/ella	es	gordo/a	rubio/a	negro/a
		delgado/a	castaño/a	oriental
		feo/a	pelirrojo/a	
		guapo/a		
		joven		
		viejo/a-anciano/a		

Tener

Yo	tengo	el pelo	largo / corto / rizado / liso
Tú	tienes		moreno / rubio / castaño / pelirrojo
Él/ella	tiene	los ojos	verdes / azules / marrones / negros
		gafas / bigote / barba	

Llevar

Yo	llevo	gafas
Tú	llevas	bigote
Él/ella	lleva	barba

3.4. 🗣 Uno de los siguientes famosos quiere pertenecer a nuestro grupo. Tu profesor sabe quién es. Para adivinarlo debéis hacerle preguntas sobre su físico. La respuesta solo puede ser *sí* o *no*.

Fernando Alonso.
Piloto. Español.

García Márquez.
Escritor. Colombiano.

Shakira.
Cantante. Colombiana.

Guillermo del Toro.
Director de cine. Mexicano.

4 El carácter

4.1. 📝 Las siguientes palabras las usamos para hablar del carácter. Busca el significado en el diccionario y clasifícalas en positivas o negativas. Trabaja con tu compañero/a.

		⊕	⊖			⊕	⊖
1.	Amable *Amiable Friendly*	✓	☐	**7.**	Complicado/a *Complicated*	☐	✓
2.	Simpático/a *(Sympathetic) Friendly*	✓	☐	**8.**	Tacaño/a *tight mean*	☐	✓
3.	Generoso/a *Generous*	✓	☐	**9.**	Aburrido/a *boring*	☐	✓
4.	Cerrado/a *closen*	☐	✓	**10.**	Buena persona *good person*	✓	☐
5.	Antipático/a *unfriendly*	☐	✓	**11.**	Divertido/a *Funny*	✓	☐
6.	Abierto/a *open*	✓	☐	**12.**	Majo/a *Cool*	✓	☐

4.2. 📖 Para hablar del carácter de una persona usamos el verbo *ser*. Completa la columna del verbo.

Describir el carácter

Ser		
Yo	simpático/a	antipático/a
	divertido/a	aburrido/a = (soso/a)
Tú	abierto/a	cerrado/a
	generoso/a	tacaño/a
Él/ella	amable	complicado/a = (raro/a)
	buena persona	

4.3. 🗣 Piensa en un miembro de tu familia a quien te gustaría invitar a formar parte del grupo y descríbeselo a tu compañero: habla de su físico y de su carácter.

5 Un poco de fonética

5.1. Escucha la siguiente grabación. Fíjate en cómo se pronuncian estas palabras y repite.

- simpático
- antipático
- amable
- majo

- divertido
- aburrido
- abierto
- cerrado

- complicado
- tacaño
- generoso
- buena persona

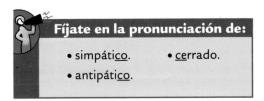

Fíjate en la pronunciación de:

- simpáti**c**o.
- antipáti**c**o.
- **c**errado.

5.2. R Algunas reglas de fonética.

▶ Fonética

- La letra c + a, o, u se pronuncia /k/:
  – *calle, simpático, antipático, cuñado.*

- La letra c + e, i se pronuncia /θ/:
  – *cerrado, cine.*

- Para decir /ke/, /ki/ tenemos que escribir *que, qui* (la *u* no se pronuncia):
  – *queso, pequeño, Quito.*

- La letra z + a, e, i, o, u se pronuncia también /θ/:
  – *zapato, rizado, Venezuela.*

  Pero hay muy pocas palabras en español con *ze, zi*.

- La letra g + a, o, u se pronuncia /g/:
  – *gafas, bigote.*

- La letra g + e, i se pronuncia /x/:
  – *generoso, Giralda, Gerardo.*

- Para decir /ge/, /gi/ escribimos *gue, gui* (la *u* no se pronuncia):
  – *guerra, guitarra.*

- La letra j + a, e, i, o, u se pronuncia /x/:
  – *fíjate, joven, jugar.*

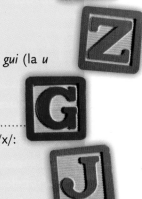

5.3. 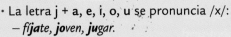 Escucha la grabación y escribe la letra que falta (c, z, g, j).

[1] Ar **g** entina.
[2] Sui **z** a.
[3] E **c** ipto.
[4] Fran **c** ia.
[5] **J** apón.
[6] **C** amarero.

[7] Del **g** ado.
[8] Lu **c** ía.
[9] Puerto Ri **C** o.
[10] O **j** os.
[11] Lar **g** o.

[12] Esperan **z** a.
[13] Se **g** ovia.
[14] **C** alvo.
[15] Traba **j** a.
[16] A **z** ules.

[17] **C** anas.
[18] Mu **j** er.
[19] **J** osé.
[20] Ser **g** io.
[21] Hi **j** o.

5.4. Escribe una palabra en tu lengua con sonidos similares a los de 5.2.

[1] /k/: ....

[2] /θ/: ....

[3] /g/: ....

[4] /x/: ....

Unidad 3

Cosas de casa

Tareas:
- Conocer el barrio y la casa de los compañeros.
- Interpretar planos para ubicar y localizar lugares y establecimientos.
- Leer anuncios y correos electrónicos sobre intercambios de casas.

Contenidos funcionales:
- Preguntar y dar direcciones.
- Describir la casa.
- Describir muebles y objetos, y decir dónde están.
- Expresar estados de ánimo y físicos.

Contenidos lingüísticos:
- La diferencia *hay-está* para preguntar y dar direcciones.
- Preposiciones y locuciones para localizar.
- El artículo determinado e indeterminado.

Contenidos léxicos:
- Establecimientos.
- Muebles y habitaciones de una casa.
- Vocabulario para hablar de los estados de ánimo y físicos.

Contenidos culturales:
- Los intercambios de casa.

1 Interpretar planos: ubicar y localizar

1.1. ¿Sabes cómo se llaman estos establecimientos en español?

1. Librería

2. Restaurante

3. Banco

4. Farmacia

5. Floristería

6. Hospital

7. Bar

8. Supermercado

9. Perfumería

10. Zapatería

Unidad 3

1.2. Gabriela, nuestra compañera hispana, va a Salamanca a visitar a una amiga, Susana. Este es el plano de su barrio.

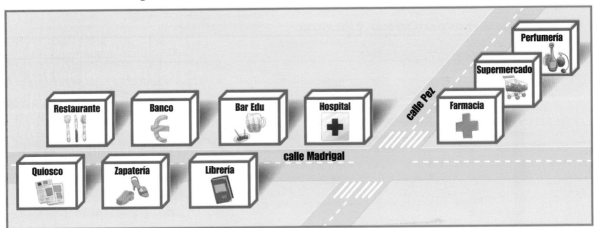

1.3. [9] Escucha a Susana describir su barrio y relaciona las locuciones de ubicación con la imagen correspondiente.

> a la derecha ▪ al lado de ▪ entre... y... ▪ a la izquierda ▪ enfrente de

to the right   close to   between   to the left   in front.

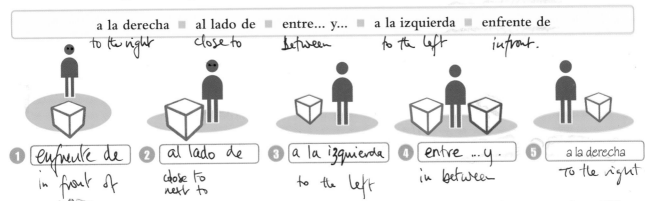

1 *enfrente de* — *in front of*
2 *al lado de* — *close to / next to*
3 *a la izquierda* — *to the left*
4 *entre ...y.* — *in between*
5 a la derecha — *To the right*

1.4. Hugo nos ha dejado un mensaje describiéndonos su barrio. Pero es un jeroglífico que tenemos que resolver. Escribe en el plano el nombre de los establecimientos.

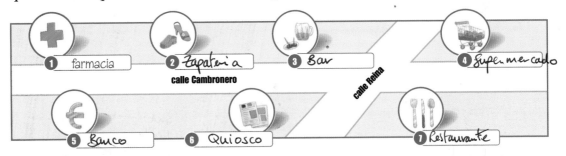

1 farmacia
2 *Zapateria*
3 *Bar*
4 *Super mercado*
calle Cambronero
calle Reina
5 *Banco*
6 *Quiosco*
7 *Restaurante*

1.4.1. Mira el plano y completa el siguiente jeroglífico.

Foro

Hugo

En mi barrio hay una ✚ (a) ...farmacia...; (1) ...enfrente de... la ✚ (b) ~~Banco~~ *farmacia* ...... hay un € (c) *a la derecha* .., (2) *Al lado* ~~Banco~~ del € (d) *banco* ...... hay un 🗞 (e) *quiosco*. (3) *Enfrente* ..... del 🗞 (f) *quiosco* ...... hay un 🍺 (g) *bar* ......, (4) *Entre* ...... el 🍺 (h) *bar* ...... y la ✚ (i) *farmacia* ...... hay una 👟 (j) *Zapateria*. Todo recto, *straight ahead* en la 1.ª calle a la derecha de la calle Cambronero, en la calle Reina, hay un 🍴 (k) *restaurante* ..; y (5) *enfrente* ...... de la calle Cambronero, en la calle Reina, hay un 🛒 (l) *Super mercado*

R **Para ubicar y localizar podemos usar los siguientes verbos y palabras.**

Verbos para ubicar y localizar

Hay	Está
■ Para preguntar por un lugar cuando no sabemos si existe.	■ Para preguntar por un lugar que sabemos que existe.
– *¿Hay una librería en tu barrio?*	– *¿Dónde está la librería?*
– *¿Dónde hay una librería?*	– *¿Dónde está el supermercado?*
– *¿Hay un supermercado?*	**Fíjate:** el artículo que usamos es *el/la*.
– *¿Dónde hay un supermercado?*	■ Para localizar.
Fíjate: el artículo que usamos es *un/una*.	– *La librería está enfrente de la farmacia.*
■ Para expresar existencia.	– *El bar está al lado del banco.*
– Hay [*un bar.* / *una librería.* / *tiendas.*]	– *Madrid está en España.*

Para ubicar y localizar objetos usamos las siguientes palabras:

- a la derecha de... *to the right*
- a la izquierda de... *to the left.*
- al lado de... *close to next to*
- entre... y .... *between and*
- enfrente de... *in front of.*
- ....
- todo recto *straight ahead*
- ....
- ....

Dividid la clase en parejas.

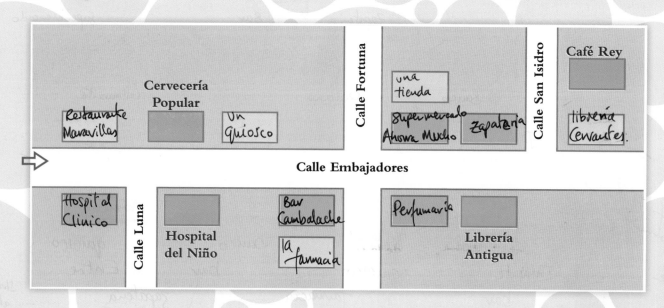

Restaurante Maravillas · Cervecería Popular · Un Quiosco · Calle Fortuna · una tienda · supermercado Ahora Mucho · Zapatería · Calle San Isidro · Café Rey · librería Cervantes

Calle Embajadores

Hospital Clínico · Calle Luna · Hospital del Niño · Bar Cambalache · la farmacia · Perfumería · Librería Antigua

1. Sitúa en el plano, en los cuadros verdes, los siguientes establecimientos:
   – el bar Cambalache *green.*   – una perfumería   – una zapatería
   – el supermercado Ahorra Mucho   – el hospital Clínico

2. Pregunta a tu compañero por los siguientes establecimientos:
   – una tienda *shop.*   – la librería Cervantes   – una farmacia
   – el restaurante Maravillas   – un quiosco

Sigue sus instrucciones y márcalos en el mapa.

Alumno B

1. Sitúa en el plano, en los cuadros amarillos, los siguientes establecimientos:
   – una tienda *yellow*   – la librería Cervantes   – una farmacia
   – el restaurante Maravillas   – un quiosco

2. Pregunta a tu compañero por los siguientes establecimientos:
   – el bar Cambalache   – una perfumería   – una zapatería
   – el supermercado Ahorra mucho   – el hospital Clínico

Sigue sus instrucciones y márcalos en el mapa.

2 Conocer la casa de los compañeros

2.1. Una de estas casas es la de Susana. Fíjate en el nombre de las habitaciones.

Casa 1

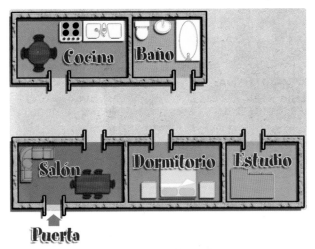

Cocina Baño

Salón Dormitorio Estudio

Puerta

Casa 2

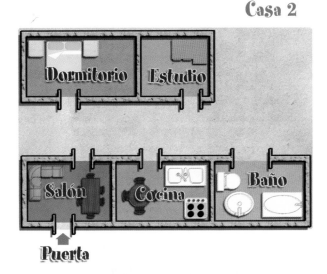

Dormitorio Estudio

Salón Cocina Baño

Puerta

2.2. Escucha la descripción de la casa de Susana y elige el plano que le corresponde.

furniture →

Susana quiere volver a decorar su casa. Estos son los muebles que quiere comprar. Completa las palabras con las vocales que faltan.

DORMITORIO

1 C A M A
bed

2 A R M A R I O
wardrobe

3 M E S I L L A
bedside table.

SALÓN

4 M E S A
table

5 S I L L A
chair

6 S O F A
sofa

7 S I L L O N
armchair

Pron.
"cotbina"

8 M U E B L E
D E S A L Ó N

9 T E L E V I S I O N

10 D V D
de uve de

COCINA

F R I G O R I F I C O   L A V A V A J I L L A S

11   **12**   **13**   **14**   **15**

L A V A D O R A
washing machine
Fridge

V I T R O C E R A M I C A
"bitro" Ceramic hob

Dishwasher

H O R N O
oven.

BAÑO

16 L A V A B O
Sink.

17 B A Ñ E R A
Bath

18 D U C H A

19 T A Z A D E
V A T E R
toilet

20 E S P E J O
mirror

ESTUDIO

21 M E S A D E
E S T U D I O

22 S I L L A D E
E S T U D I O

23 E S T A N T E R I A

Unidad 3

2.4. Yanina, otra de las compañeras hispanas, nos ha mandado unos dibujos de su casa. En cada habitación hay dos objetos que no están en 2.3. Vamos a descubrirlos. Dividid la clase en parejas, pero antes mira el significado de estas palabras y completa el cuadro de 1.5.

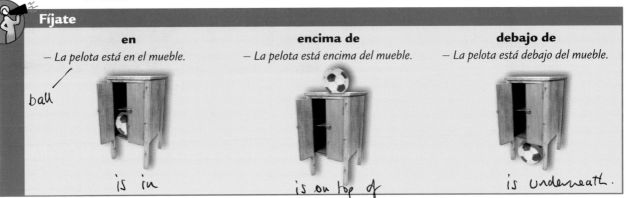

Fíjate

en	encima de	debajo de
— La pelota está en el mueble.	— La pelota está encima del mueble.	— La pelota está debajo del mueble.

ball

is in   is on top of   is underneath.

Alumno A

1. Mira las fotos, lee la descripción, identifica los objetos nuevos y escribe los nombres de las habitaciones.

2. Describe a tu compañero las habitaciones de la casa de Yanina. Explícale las palabras nuevas que has aprendido. Él tiene que adivinar qué habitaciones son.

microwave

Hay un <u>microondas</u>, que está encima del horno. El <u>cubo de basura</u> está a la izquierda del frigorífico.

rug

La <u>alfombra</u> está en el suelo, entre la cama y el armario, enfrente de la mesilla. El <u>perchero</u> está a la derecha del armario.

hook

Alumno B

1. Mira las fotos, lee la descripción, identifica los objetos nuevos y escribe los nombres de las habitaciones.

2. Describe a tu compañero las habitaciones de la casa de Yanina. Explícale las palabras nuevas que has aprendido. Él tiene que adivinar qué habitaciones son.

standard lamp

Hay una <u>lámpara de pie</u> al lado del sofá. El <u>cuadro</u> está en la pared, encima del sillón.

picture   wall

desk lamp.

El <u>flexo</u> está encima de la mesa de estudio. La <u>mochila</u> está debajo de la silla.

bag.

3.1. Hacer un intercambio de casa es actualmente una práctica muy habitual. Mira este anuncio.

Intercambios de casas para vacaciones en España

Descubre una forma alternativa de vacaciones. El intercambio de casas es una fórmula en la que dos familias deciden intercambiar sus casas por un determinado periodo de tiempo.

3.1.1. Estas personas piden un intercambio de casa. Lee sus mensajes y completa los anuncios que tienes debajo.

Intercambio París-Barcelona

Eliminar · Recibir · Enviar · Buscar · Tipo de letra · Agenda · Adjuntar

De: penf@yahoo.com
Para: intercambiocasa@mail.com
Asunto: Intercambio París-Barcelona

Hola, me llamo René. Vivo en París, pero por mi trabajo necesito mudarme a Barcelona en abril ☹. El intercambio es para 3 meses, después quiero alquilar un apartamento.
Muchas gracias por su servicio.

Vacaciones en julio

Eliminar · Recibir · Enviar · Buscar · Tipo de letra · Agenda · Adjuntar

De: haleg@hotmail.com
Para: intercambiocasa@mail.com
Asunto: Vacaciones en julio

Soy Luciano y tengo un piso de 2 habitaciones en Roma. Quiero ir a España, a la playa, 1 mes en julio ☺.

Intercambiocasa.com

http://www.intercambiocasa.com

intercambiocasa.com
ANUNCIOS - AGENCIAS - PARTICULARES

Anuncio 1
Intercambio un piso en (a) ....
por un apartamento en (b) ....
Fechas: de (c) .... a (d) ....
....
Más información, e-mail contacto:
(e) ....

Anuncio 2
Intercambio un piso en (a) ....
por un apartamento en la playa en (b) ....
Fechas: de (c) .... a (d) ....
Más información, e-mail contacto:
(e) ....

3.2. ¿Qué representan este tipo de símbolos en los correos anteriores? Con la ayuda de tu profesor relaciona los siguientes emoticonos con lo que expresan.

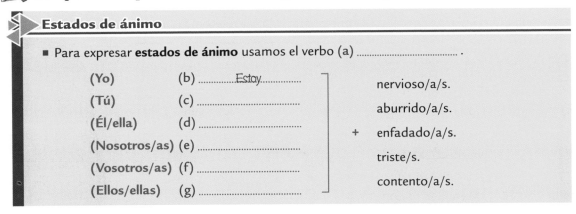

① •   • ⓐ Está nervioso/a.

② •   • ⓑ Está aburrido/a.

③ •   • ⓒ Está enfadado/a.

④ •   • ⓓ Está triste.

⑤ •   • ⓔ Está contento/a.

3.3. Completa los espacios en blanco del siguiente cuadro gramatical.

Estados de ánimo

■ Para expresar **estados de ánimo** usamos el verbo (a) ....

(Yo)	(b) ......Estoy......	
(Tú)	(c)	nervioso/a/s.
(Él/ella)	(d)	aburrido/a/s.
(Nosotros/as)	(e)	+ enfadado/a/s.
(Vosotros/as)	(f)	triste/s.
(Ellos/ellas)	(g)	contento/a/s.

3.4. Podemos saber el estado de ánimo de una persona por la entonación, los gestos, la situación.

3.4.1. [11] Vas a escuchar seis situaciones diferentes: cada una muestra un estado de ánimo. En el momento en que sepas el estado de ánimo, dilo. Es una competición.

3.5. Mira ahora el siguiente anuncio: ¿sabes qué es una casa domótica?

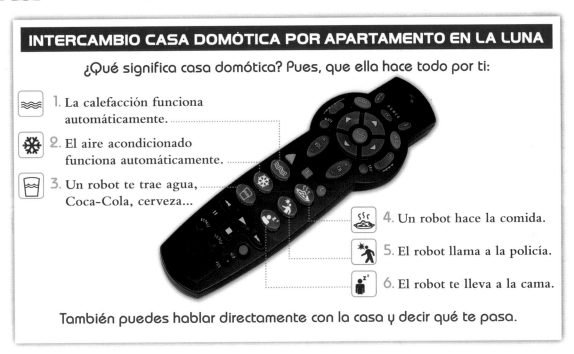

INTERCAMBIO CASA DOMÓTICA POR APARTAMENTO EN LA LUNA

¿Qué significa casa domótica? Pues, que ella hace todo por ti:

1. La calefacción funciona automáticamente. ....

2. El aire acondicionado funciona automáticamente. ....

3. Un robot te trae agua, ... Coca-Cola, cerveza...

4. Un robot hace la comida.

5. El robot llama a la policía.

6. El robot te lleva a la cama.

También puedes hablar directamente con la casa y decir qué te pasa.

Etapa I. Nivel AI.I

3.5.1. 🔊 **Para saber cómo funciona el mando a distancia, escucha la grabación, observa las imágenes del mando y escribe cómo se dice en español el estado físico para activar el robot.**

[1] .... [4] ....

[2] .... [5] ....

[3] .... [6] ....

3.6. 📘 **Completa los espacios en blanco del siguiente cuadro gramatical.**

▶ **Estados físicos**

■ Para expresar **estados físicos** usamos el verbo (a) ....

(Yo)	(b) ....Tengo.......		frío.
(Tú)	(c)		calor.
(Él/ella)	(d)		sed.
(Nosotros/as)	(e)	+	hambre.
(Vosotros/as)	(f)		miedo.
(Ellos/ellas)	(g)		sueño.

3.7. ✏️ **Pictionary. Para terminar, vamos a hacer un juego con el vocabulario de los estados de ánimo y físicos. Tu profesor te explica cómo.**

4 Recordar

4.1. ✏️ **Hasta hoy he aprendido...**

sentence to introduce to communicate in class

[1] Frases para presentarme. Por ejemplo: ....

[2] Frases para comunicarme en clase. Por ejemplo: ....

describe a person

[3] Frases para describir a una persona. Por ejemplo: ....

ask a question how to get to a place

[4] Frases para preguntar por una dirección o un establecimiento. Por ejemplo: ....

....

describe a house

[5] Frases para describir una casa. Por ejemplo: ....

describe how you are and whats happening

[6] Frases para describir cómo estoy y qué me pasa. Por ejemplo: ....

[7] Vocabulario de profesiones: ....

[8] Países y nacionalidades: ....

Unidad 4

Cosas del tiempo libre

Tareas:
- Conocer los gustos de los compañeros.
- Encontrar a compañeros con gustos y afinidades similares.
- Ir a un bar español.

Contenidos funcionales:
- Expresar gustos.
- Pedir comida y bebida en el bar.
- Preguntar el precio.

Contenidos lingüísticos:
- Morfología del verbo *gustar*.
- Preguntas y respuestas para desenvolverse en un bar: *¿Qué va/n a tomar?; Yo, un/una...; ¿Cuánto es?; ¿Algo más?*

Contenidos léxicos:
- Los días de la semana.
- Ocio y tiempo libre.
- Objetos del bar.
- Comidas y bebidas.

Contenidos culturales:
- El tiempo libre de los jóvenes españoles.
- Los bares como relación social.

I — El tiempo libre: ir al bar

1.1. Mira esta hoja de un calendario y fíjate: ¿qué día es hoy?

> Hoy es domingo.

[1] L → Lunes
[2] M → Martes
[3] X → Miércoles
[4] J → Jueves
[5] V → Viernes
[6] S → Sábado
[7] D → domingo

1.1.1. Vamos a hacer un juego para descubrir cómo se dicen en español los días de la semana y completar los espacios en blanco de 1.1. Tu profesor te dirá qué tienes que hacer.

1.2. Una de las actividades que nos gusta a los españoles es ir al bar con los amigos. Mira la siguiente imagen: ¿sabes cómo se llaman esas cosas y personas?

1. Camarero
11. palillos
6. servilletas
3. taza
Barra
9. cliente
8. Taburete
12. cuchillo
4. copa
2. cuchara
7. plato
10. tenedor
5. vaso

REFRESCOS.............. 1.20
BOCADILLOS 3.50
TAPA DEL DIA
PAELLA

1.2.1. Trabaja con tu compañero: leed las siguientes definiciones y completad los espacios en blanco de la actividad anterior.

bar stool
spoon
wine glass
serviettes
knife
plate
waiter
glass/tumbler
cup
cocktail sticks
fork
client

- **TABURETE (el):** es una silla alta, está enfrente de la barra. Hay una persona encima.   8.
- **CUCHARA (la):** está encima de la mesa de la derecha. Es para comer.   2
- **COPA (la):** está encima de la mesa del centro. Es para beber vino o champán.   4
- **SERVILLETAS (las):** están encima de la barra, en el centro. Son de papel y se usan para limpiarse.   6
- **CUCHILLO (el):** está encima de la mesa de la izquierda, a la derecha del plato. Se usa para cortar.   12
- **PLATO (el):** está encima de la mesa de la izquierda. Es donde ponemos la comida.   7
- **CAMARERO/A (el/la):** la persona que trabaja en un bar.   1
- **VASO (el):** está en la mesa de la derecha, al lado de la cuchara.   5
- **TAZA (la):** está enfrente del camarero. Es para tomar café o té.   3
- **PALILLOS (los):** están encima de la barra, a la izquierda de la taza.   11
- **TENEDOR (el):** está encima de la mesa de la izquierda, a la izquierda del plato.   10
- **CLIENTE/A (el/la):** es la persona que está encima del taburete. Va al bar a comer y beber.   9

1.2.2. Escucha a estos amigos jugar a las adivinanzas con el vocabulario del bar y corrige tus respuestas anteriores.

guessing

1.2.3. Ahora, en grupos de cuatro, jugad a las adivinanzas con el vocabulario anterior. No miréis el libro: para explicar la palabra podéis ayudaros de mímica, dibujos...

Unidad 4

1.3. Este es el orden posible de una conversación en un bar en España. Léela y, con tu compañero, intenta completarla. Las indicaciones que están entre paréntesis os ayudarán.

▶ **Camarero:** Hola, **(a)**............................ (Son las 19.00).

▷ **Clientes 1 y 2: (b)**............................. (Los clientes responden al saludo).

▶ **Camarero:** ¿Qué quieren **(c)**............................? (El verbo que utiliza el camarero es un verbo que incluye bebida y comida).

▷ **Cliente 1:** Yo, un **(d)**............................. ☕ (En España pedimos primero la bebida).

▷ **Cliente 2:** Para mí, una **(e)**............................ 🥛

▶ **Camarero:** ¿Quieren algo de **(f)**............................? (Normalmente pregunta por la comida).

▷ **Cliente 1:** Un momento, por favor.

Los clientes miran la lista de precios:

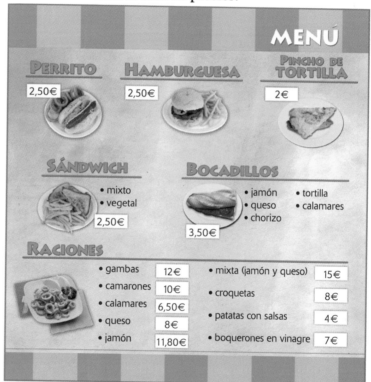

Mira el menú. Fíjate en el nombre de las imágenes y completa el siguiente diálogo.

▷ **Cliente 1:** Pues, yo sí: un **(g)**............................ 🍖

▷ **Cliente 2.** Yo, un **(h)**............................ 🐟

▶ **Camarero:** ¿Algo **(i)**............................? (Pregunta si quieren comer o beber otra cosa).

▷ **Cliente 1:** No, gracias.

▷ **Cliente 1 ó 2:** Oiga, ¿cuánto **(j)**............................? (Pregunta para pagar).

▶ **Camarero:** Son **(k)**............................ euros. (El camarero responde siete euros cuarenta y cinco).

I.4. **R** Mira el siguiente cuadro y, con tu compañero, comprueba las respuestas anteriores.

Para ir a un bar necesitamos saber:

1. Saludos	2. Pregunta general del camarero	3. Pregunta por comida	4. Pedir bebida y comida	5. Pregunta para pagar
▼	▼	▼	▼	▼
Hola. Buenos días. Buenas tardes. Buenas noches.	¿Qué quiere/n tomar? (1*) ¿Qué va/n a tomar?	¿Quiere/n algo de comer? (1*) ¿Va/n a comer algo?	Para mí, un/a... Yo, un/a... Me pone...	¿Cuánto es? La cuenta, por favor.

(1*) El camarero pregunta: *¿Qué quiere tomar? ¿Quiere algo de comer?*, cuando solo es un cliente.
El camarero pregunta: *¿Qué quieren tomar? ¿Quieren algo de comer?*, cuando son dos o más clientes.

I.5. **R** Fíjate en las imágenes y, con tu compañero, intenta completar los siguientes cuadros.

Para ir a un bar necesitamos saber:

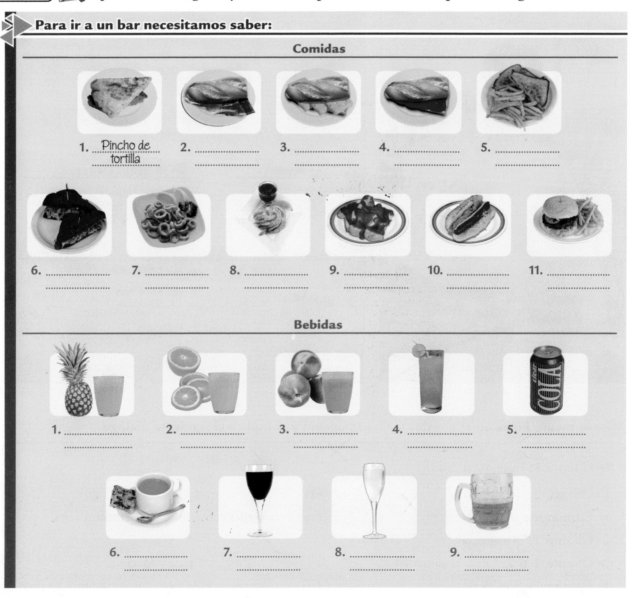

Comidas

1. Pincho de tortilla
2. _____
3. _____
4. _____
5. _____

6. _____
7. _____
8. _____
9. _____
10. _____
11. _____

Bebidas

1. _____
2. _____
3. _____
4. _____
5. _____

6. _____
7. _____
8. _____
9. _____

I.5.I. 🔊 Escucha la siguiente grabación y comprueba tu respuesta anterior.
[14]

I.6. En el siguiente diálogo, en un bar, las frases están desordenadas y en todas ellas sobra una palabra. Escribe el diálogo correcto y, después, con tu compañero, practícalo oralmente.

[1] **Camarero:** días/buenos/tardes ....

[2] **Cliente 1:** buenos/tardes/días ....

[3] **Camarero:** ¿qué/pongo/tomar/quieren? ....

[4] **Cliente 1:** un/café/cerveza ....

[5] **Cliente 2:** pone/para/un/té/mí ....

[6] **Camarero:** ¿algo/van/comer/pongo/a? ....

[7] **Cliente 1:** no/de/gracias ....

[8] **Cliente 2:** ¿son/es/cuánto? ....

[9] **Camarero:** son/es/2,50€ ....

I.7. Para terminar:

1.º En parejas:

Elegid cinco palabras de cosas que se pueden comer en un bar y cinco que se pueden beber en un bar y elaborad un menú y la lista de precios.

2.º Intercambiad las parejas:

Muéstrale el menú que has elaborado y simulad una conversación en un bar: tú eres el camarero y él es el cliente.

our free time

2 Conocernos más: nuestro tiempo libre

2.I. Mira las siguientes imágenes: todas son actividades que realizamos en el tiempo libre. ¿Qué días de la semana tenemos más tiempo libre?

1. _Escuchar_ música.

2. Ir de _compras_.

3. _Salir_ con amigos.

4. Ir al _cine_.

5. _Jugar_ a la videoconsola.

6. _leer_.

7. Ir a casa de _familiares_.

8. Jugar al _tenis_.

9. Ir al _campo_.

10. _Conectarse_ al Messenger.

11. _Comer_ en un restaurante.

12. _hacer_ deporte.
(hatter), activity.

2.1.1. Con tu profesor y el resto de la clase, completa los espacios en blanco de las actividades de tiempo libre anteriores.

2.1.2. Para hablar del tiempo libre podemos usar el siguiente vocabulario. Repasa la actividad anterior y escribe los verbos que faltan.

Hablar del tiempo libre

_Ir_
- al cine.
- al campo.
- a casa de amigos.
- a la discoteca.
- de compras.

Jugar
- al tenis.
- al fútbol.
- a la videoconsola.

Hacer
- deporte.
- aeróbic.
- yoga.

Comer en un restaurante.

Salir con amigos.

Escuchar
- música.
- la radio.

Leer
- libros.
- el periódico.

Ver la televisión=la tele.

Conectarse al Messenger.

Pasear (por el parque).
↓
stroll

2.2. Mira las siguientes imágenes, ¿has jugado alguna vez al bingo? Nosotros vamos a jugar, pero de una forma diferente: tienes que adivinar cuál de estos tres cartones es el que gana. Tu profesor te explicará qué tienes que hacer.

Cartón A

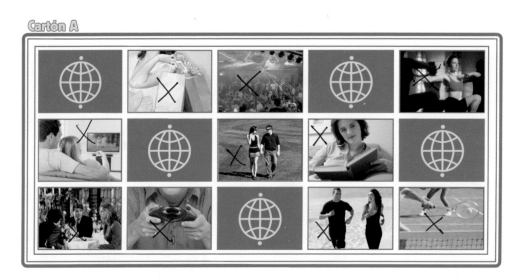

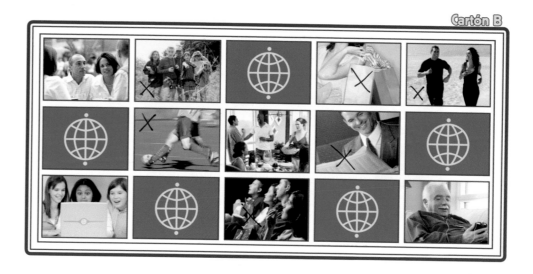

Cartón B

Cartón C

2.2.1. 🔊 [15] Escucha y marca en los tres cartones la actividad que oigas. ¿Qué cartón gana?

3 Conocer los gustos de los compañeros

3.1. 📖 Gabriela y su familia nos cuentan sus actividades preferidas en el tiempo libre. Mira el siguiente cuadro.

	Padre Gabriela	Madre José María	hija Marta
1. Ir de compras.	😄		
2. Pasear.	😄		😄
3. Ir al campo.	😄	😄	
4. Escuchar música rock/clásica.		😄	
5. Jugar al tenis.	😄	😄	
6. Ir al cine.			😄
7. Conectarse al Messenger.			😄
8. Leer libros.		😄	

has sut

3.1.1. Lee los mensajes que nos han mandado Gabriela y su familia y subraya en los textos el verbo que usan para expresar sus gustos.

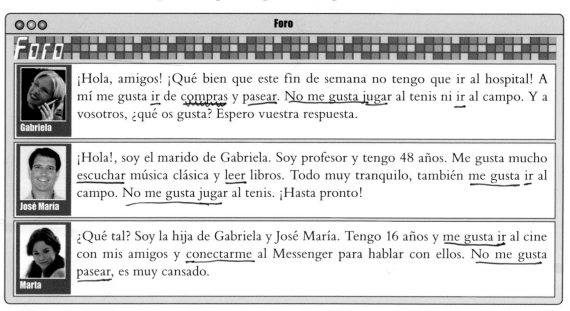

Foro

Foro

Gabriela
¡Hola, amigos! ¡Qué bien que este fin de semana no tengo que ir al hospital! A mí me gusta ir de compras y pasear. No me gusta jugar al tenis ni ir al campo. Y a vosotros, ¿qué os gusta? Espero vuestra respuesta.

José María
¡Hola!, soy el marido de Gabriela. Soy profesor y tengo 48 años. Me gusta mucho escuchar música clásica y leer libros. Todo muy tranquilo, también me gusta ir al campo. No me gusta jugar al tenis. ¡Hasta pronto!

Marta
¿Qué tal? Soy la hija de Gabriela y José María. Tengo 16 años y me gusta ir al cine con mis amigos y conectarme al Messenger para hablar con ellos. No me gusta pasear, es muy cansado.

3.2. Pregunta a tus compañeros sobre sus gustos. Levántate y busca a quién le gusta o gustan las siguientes cosas. Fíjate primero en los ejemplos. Si no conoces alguna palabra, pregunta a tu profesor.

¿A quién le gusta...?

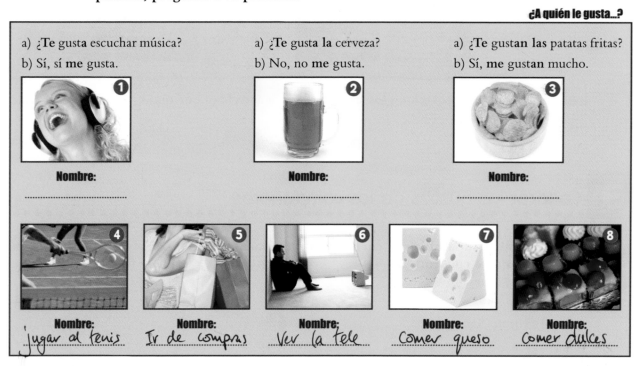

a) ¿Te gusta escuchar música?
b) Sí, sí me gusta.

a) ¿Te gusta la cerveza?
b) No, no me gusta.

a) ¿Te gustan las patatas fritas?
b) Sí, me gustan mucho.

❶ Nombre: ....

❷ Nombre: ....

❸ Nombre: ....

❹ Nombre: jugar al tenis

❺ Nombre: Ir de compras

❻ Nombre: Ver la tele

❼ Nombre: Comer queso

❽ Nombre: Comer dulces

3.2.1. Con la información anterior completa las siguientes frases.

- A *Gerry* le gusta jugar al tenis.
- A *Gerry* le gusta escuchar música.
- A *Gerry* no le gusta ir de compras.
- A *Gerry* le gusta ver la tele.

- A *Gerry* le gustan los dulces.
- A *Gerry* no le gusta la cerveza. *mas le gu*
- A .... le gustan las patatas fritas. *el vi*
- A *Gerry* le gusta el queso.

3.3. **[R]** El verbo *gustar* se utiliza de la siguiente manera. Con la ayuda de tu profesor, completa los espacios en blanco.

gusta + infinitive + singular.

> **Expresar gustos**
>
> | A mí
A ti
A él/ella/usted
A nosotros/as
A vosotros/as
A ellos/ellas/ustedes | (no) | me
te
le
nos
os
les | gusta

singular | *el* vino.
la cerveza.
ir al cine. |
> | | | | *gustan*
plural | .... zumos.
las patatas fritas. |

- **Con nombres, el verbo *gustar* tiene dos formas:**

a) Singular ➡ *gusta*, si el nombre es singular.
Ejemplo: *No me gusta la leche.*

b) Plural ➡ *gustan*, si el nombre es plural.
Ejemplo: *Me gustan los zumos.*

- **Con verbos, el verbo *gustar* se usa en singular:**
Ejemplo: *Me gusta ir al cine.*

3.4. **[+]** Vamos a escuchar una encuesta realizada a jóvenes españoles para saber cuáles son sus gustos en el tiempo libre.

3.4.1. 🔊 [16] Escucha la encuesta y completa el siguiente cuadro con las actividades que faltan.

	Me gusta mucho	Me gusta	No me gusta
A. Juanjo	a.	b. Salir con los amigos. c.	d. ....
B. Laura	e.	f. Hacer yoga. g.	h. Ir a la discoteca.
C. Rodrigo	i. Jugar a la videoconsola. j.	k. Jugar al fútbol.	l. ....
D. Ruth	m. Salir con los amigos.	n. Ir de compras. ñ.	o. Ir al campo. p. ....

3.5. Dividid la clase en tríos y encontrad tres cosas que os gusten a los tres y tres cosas que no os gusten (actividades de tiempo libre, comidas, bebidas...). Después completad este cuadro y mandadlo por Internet.

A los tres, nos gusta/n...

Mi mujer le gusta ir de compras

mis hijos les gusta conectarse al Messenger

mi hijo, Ben le gusta la cerveza.

A los tres, no nos gusta/n...

A mi mujer no le gusta jugar al tenis
A mi madre no le gusta la cerveza
A mi hijo, Josh no le gusta ir al campo.
A mis padres no les gusta ir de compras

Unidad 5

Cosas cotidianas

Tareas:
• Conocer los hábitos de los compañeros.

Contenidos funcionales:
• Hablar de hábitos cotidianos: qué hacemos en un día normal.

Contenidos lingüísticos:
• Adverbios de frecuencia.
• Morfología del presente de indicativo.
• Exponentes para expresar la hora: ¿Qué hora es? Son las...

Contenidos léxicos:
• Los meses del año.
• Verbos de acciones cotidianas.

Contenidos culturales:
• Horarios y hábitos de los españoles y otros países hispanos.
• Diferentes tipos de familia.

I. Jugar con los meses del año y las horas

1.1. Con tu compañero, ordena las letras de estas palabras y tendrás el nombre de los meses del año. Te damos algunos resueltos. Gana la pareja que primero termine.

E R O E N → E _ _ _ _

F B E R O R E → F E B R E R O

M Z O A R → M _ _ _ _

A L R B I → A _ _ _ _

M Y A O → M _ _ _

J N I U O → J U N I O

J L U I O → J _ _ _ _

A G O O T S → A _ _ _ _ _

S P E E M R T I B E → S E P T I E M B R E

O T C B U R E → O _ _ _ _ _ _

N V O B R I M E E → N _ _ _ _ _ _ _

D B I I C M E R E → D _ _ _ _ _ _ _ _

1.2. Escucha cómo se dicen las horas en español y escribe la información que falta debajo de cada reloj.

1 Es la una .... media.

2 Son las cuatro ....

3 Son las ocho ....

Unidad 5

4 Son las once .... veinte.

5 Son las ....

6 Son las once .... cinco.

1.3. **R** Mira la actividad anterior y completa el siguiente cuadro con tu compañero: escribe la regla en los espacios en blanco del reloj.

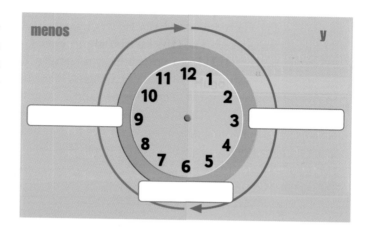

2 Conocer los hábitos de los compañeros

2.1. Marta, una compañera, está escribiendo un mensaje y nos cuenta qué hace un día normal. Lee el texto y relaciona las siguientes imágenes con las acciones habituales de Marta. Escribe el número del verbo en el espacio en blanco.

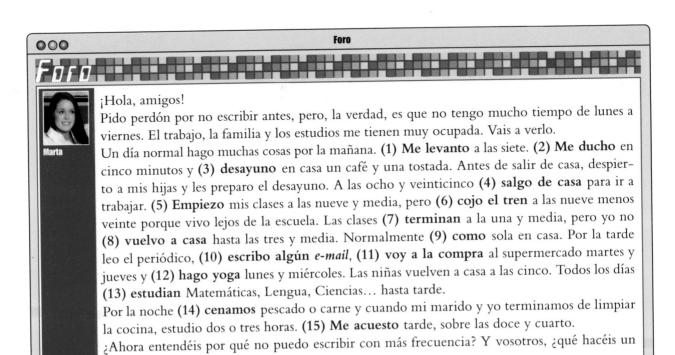

Foro

Marta

¡Hola, amigos!

Pido perdón por no escribir antes, pero, la verdad, es que no tengo mucho tiempo de lunes a viernes. El trabajo, la familia y los estudios me tienen muy ocupada. Vais a verlo.

Un día normal hago muchas cosas por la mañana. **(1) Me levanto** a las siete. **(2) Me ducho** en cinco minutos y **(3) desayuno** en casa un café y una tostada. Antes de salir de casa, despierto a mis hijas y les preparo el desayuno. A las ocho y veinticinco **(4) salgo de casa** para ir a trabajar. **(5) Empiezo** mis clases a las nueve y media, pero **(6) cojo el tren** a las nueve menos veinte porque vivo lejos de la escuela. Las clases **(7) terminan** a la una y media, pero yo no **(8) vuelvo a casa** hasta las tres y media. Normalmente **(9) como** sola en casa. Por la tarde leo el periódico, **(10) escribo algún** *e-mail*, **(11) voy a la compra** al supermercado martes y jueves y **(12) hago yoga** lunes y miércoles. Las niñas vuelven a casa a las cinco. Todos los días **(13) estudian** Matemáticas, Lengua, Ciencias… hasta tarde.

Por la noche **(14) cenamos** pescado o carne y cuando mi marido y yo terminamos de limpiar la cocina, estudio dos o tres horas. **(15) Me acuesto** tarde, sobre las doce y cuarto.

¿Ahora entendéis por qué no puedo escribir con más frecuencia? Y vosotros, ¿qué hacéis un día normal? Espero vuestras respuestas.

Salu2 a to2,

Marta

2.2. **R** **Esto es lo que hemos aprendido con el mensaje de Marta. Vuelve a leer el texto, mira las imágenes de las acciones y completa, con tu compañero, el siguiente esquema.**

Expresar hábitos

Para hablar de las partes del día

· **Por la**

— *Por la tarde* leo el periódico.

Para situar acciones en el tiempo

· **A** { las ocho y media. / las tres y cuarto. / la una menos veinte.

— *Cojo el tren* .... **nueve menos veinte.**

· **Antes**
· ....] + **de** + infinitivo.

— **Antes de** .... de casa preparo el desayuno a mis hijas.

Para acciones habituales

· Levantarse
· Coger el tren
· Volver a casa

· Escribir un e-mail
· Ducharse
· Empezar a trabajar

· Hacer yoga
· Cenar
· Desayunar

· Terminar de trabajar
· Ir a la compra
· Acostarse

· Salir de casa
· Comer
· Estudiar

Esta forma de los verbos (*desayunar, comer, escribir*) se llama **infinitivo**. El infinitivo termina en **-ar, -er** o **-ir**.

Presente de indicativo

Forma regular del presente de indicativo

	Terminar	Comer	Escribir
(Yo)	Termino	Com........	Escrib........
(Tú)	Terminas	Com........	Escribes
(Él/ella/usted)	Termin........	Come	Escrib........
(Nosotros/as)	Termin........	Com........	Escrib........
(Vosotros/as)	Termin........	Coméis	Escrib........
(Ellos/ellas/ustedes)	Terminan	Com........	Escriben

Continúa ▶

Unidad 5

Formas irregulares excepto en las personas nosotros/as y vosotros/as

	Empezar	Volver	Otros irregulares Ir	Verbos reflexivos (-se) Levantarse
(Yo)	Empiez......	Vuelv......	Voy	...... levanto
(Tú)	Empiez......	Vuelv......	Vas	te levantas
(Él/ella/usted)	Empiez......	Vuelv......	Va	...... levanta
(Nosotros/as)	Empez......	Volv......	Vamos	nos levantamos
(Vosotros/as)	Empez......	Volv......	Vais	os levantáis
(Ellos/ellas/ustedes)	Empiez......	Vuelv......	Van	...... levantan

Formas irregulares en la persona yo

	Salir	Hacer
(Yo)	Salgo	Hago

2.3. Busca en la sopa de letras, con tu compañero, diez verbos en presente de indicativo. Después, completa la información a la derecha.

a	b	g	e	j	m	v	u	e	l	v
e	a	i	v	o	l	v	e	m	o	s
s	m	z	i	k	u	s	m	n	a	a
c	e	p	c	o	m	é	i	s	e	n
r	q	r	i	n	m	a	b	a	j	u
i	m	b	t	e	o	s	z	l	u	y
b	e	a	r	s	z	d	j	g	i	a
e	s	t	u	d	i	a	s	o	t	s
z	a	o	p	o	e	r	n	h	f	e
t	l	l	o	s	m	t	u	g	o	d
u	n	e	z	c	o	j	o	d	l	x
d	e	e	m	p	e	z	a	e	v	o
o	m	i	v	a	m	o	s	r	ñ	v

[1] .... Empiezan, empezar (ellos)
[2] ....
[3] ....
[4] ....
[5] ....
[6] ....
[7] ....
[8] ....
[9] ....
[10] ....

2.4. Hugo también nos cuenta sus hábitos, pero algunas palabras no están escritas. Lee su mensaje, fíjate en la información que falta y, con la ayuda de tu profesor, escribe las preguntas necesarias para obtener la información.

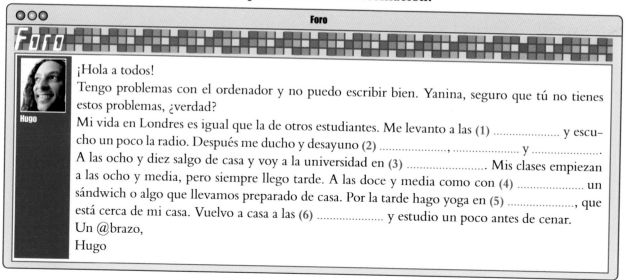

○○○   Foro

Foro

Hugo

¡Hola a todos!

Tengo problemas con el ordenador y no puedo escribir bien. Yanina, seguro que tú no tienes estos problemas, ¿verdad?

Mi vida en Londres es igual que la de otros estudiantes. Me levanto a las **(1)** .... y escucho un poco la radio. Después me ducho y desayuno **(2)** ...., ... y ....

A las ocho y diez salgo de casa y voy a la universidad en **(3)** .... Mis clases empiezan a las ocho y media, pero siempre llego tarde. A las doce y media como con **(4)** .... un sándwich o algo que llevamos preparado de casa. Por la tarde hago yoga en **(5)** ...., que está cerca de mi casa. Vuelvo a casa a las **(6)** .... y estudio un poco antes de cenar.

Un @brazo,

Hugo

[**1**] ¿A qué hora te levantas?   [**3**] ....   [**5**] ....

[**2**] ....   [**4**] ....   [**6**] ....

2.5. [18] **Hugo nos contesta a las preguntas. Escucha y escribe en el texto qué información nos da.**

2.6. **Pregunta a tres compañeros de la clase y completa el siguiente cuadro. Si no entiendes alguna palabra, pregunta a tu profesor.**

	Nombre	Nombre	Nombre
[**1**] ¿A qué hora (levantarse)?			
[**2**] ¿Qué (desayunar) normalmente?			
[**3**] ¿A qué hora (empezar) las clases?			
[**4**] ¿Cómo (venir) a clase?			
[**5**] ¿Dónde (comer) normalmente?			
[**6**] ¿Qué (hacer) por la tarde normalmente?			
[**7**] ¿A qué hora (acostarse)?			

2.7. **Ahora escribe un texto para mandar por Internet con la información de tus compañeros y también con la tuya.**

3 ¿Con qué frecuencia...?

3.1. R **Para hablar de la frecuencia con que realizamos una acción, podemos usar los siguientes adverbios o locuciones adverbiales.**

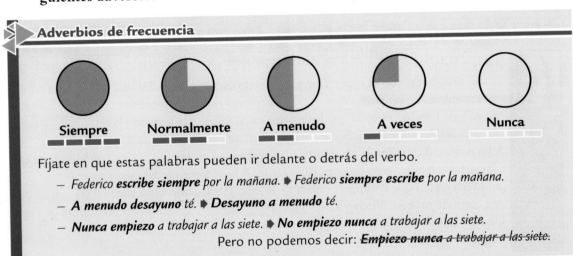

Adverbios de frecuencia

Siempre   Normalmente   A menudo   A veces   Nunca

Fíjate en que estas palabras pueden ir delante o detrás del verbo.

— *Federico **escribe siempre** por la mañana.* ▶ *Federico **siempre escribe** por la mañana.*

— ***A menudo desayuno*** *té.* ▶ ***Desayuno a menudo*** *té.*

— ***Nunca empiezo*** *a trabajar a las siete.* ▶ ***No empiezo nunca*** *a trabajar a las siete.*

Pero no podemos decir: ~~***Empiezo nunca** a trabajar a las siete.~~

3.2. Completa el siguiente cuadro con los nombres de las personas de la clase, según tu opinión.

¿Quién crees que...	Nombre
[1] siempre se levanta antes de las 8?	
[2] va al cine a menudo?	
[3] nunca come en casa?	
[4] a veces cena en un restaurante?	
[5] nunca lee el periódico?	
[6] normalmente toma café en el desayuno?	
[7] siempre viene a clase?	

3.3. Comprueba la información del cuadro anterior. Levántate y pregunta a tus compañeros.

3.4. Estas son Andrea y Ariadna, las hijas de Marta. Mira el mensaje que nos han mandado y realiza la actividad 3.4.1.

Foro

Marta

Hola, somos Andrea y Ariadna. Nos parecemos mucho porque somos mellizas, pero hacemos cosas muy diferentes. ¿Queréis saber qué?

3.4.1. Para conocer los hábitos de Andrea y Ariadna, dividid la clase en parejas (alumno A y alumno B) y cada uno leed vuestra información.

Alumno A

· Mira las imágenes y cuéntale a tu compañero los hábitos de Ariadna. Fíjate en los círculos para saber la frecuencia. Él te va a contar los de Andrea. ¿Qué cosas hacen iguales?

Ariadna

08.00 (En el colegio) 17.00 (Por la tarde) 22.30

Ariadna siempre se levanta a las 8.

• Mira las imágenes y cuéntale a tu compañero los hábitos de Andrea. Fíjate en los círculos para saber la frecuencia. Él te va a contar los de Ariadna. ¿Qué cosas hacen iguales?

Andrea

09.20 (En el colegio) (Después de estudiar) 17.00 22.30

Andrea siempre se acuesta a las 22.30.

3.5.   Gabriela y Yanina nos han escrito un mensaje con sus hábitos. Dividid la clase en parejas (A y B).

Alumno A

• Lee el siguiente texto de Gabriela para después contestar a las preguntas que te va a hacer tu compañero.

Foro

Gabriela

¡Hola, Marta, y hola a todos!

Yo tengo una vida un poco más tranquila. Claro, solo tengo una hija.

Me levanto a las seis y cuarto porque empiezo a trabajar a las siete y media. Desayuno en casa un café y arepas. Cojo el autobús cerca de mi casa y llego al hospital 20 minutos más tarde. Por la mañana recibo a mis pacientes y a las doce y media como con mis compañeros en un restaurante. Vuelvo al hospital y escribo los informes de los pacientes. Por la tarde hago aeróbic en un gimnasio: lunes, miércoles y viernes. Antes de volver a casa, voy a la compra. Ceno a las siete y media y me acuesto a las diez. Acá la gente se levanta bien temprano y nos vamos a la cama prontito.

Un saludo a todos,

Gabriela

• Pregunta a tu compañero la siguiente información sobre el mensaje de Yanina.

[1] ¿A qué hora sale de casa? [4] ¿A qué hora llega a casa?

[2] ¿Dónde se ducha? [5] ¿Con quién cena?

[3] ¿Qué compra en el supermercado?

· Lee el siguiente texto de Yanina para después contestar a las preguntas que te va a hacer tu compañero.

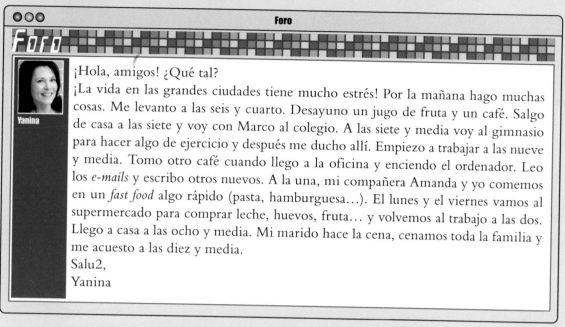

Foro

¡Hola, amigos! ¿Qué tal?

¡La vida en las grandes ciudades tiene mucho estrés! Por la mañana hago muchas cosas. Me levanto a las seis y cuarto. Desayuno un jugo de fruta y un café. Salgo de casa a las siete y voy con Marco al colegio. A las siete y media voy al gimnasio para hacer algo de ejercicio y después me ducho allí. Empiezo a trabajar a las nueve y media. Tomo otro café cuando llego a la oficina y enciendo el ordenador. Leo los *e-mails* y escribo otros nuevos. A la una, mi compañera Amanda y yo comemos en un *fast food* algo rápido (pasta, hamburguesa…). El lunes y el viernes vamos al supermercado para comprar leche, huevos, fruta… y volvemos al trabajo a las dos. Llego a casa a las ocho y media. Mi marido hace la cena, cenamos toda la familia y me acuesto a las diez y media.

Salu2,

Yanina

· Pregunta a tu compañero la siguiente información sobre el mensaje de Gabriela.

[1] ¿A qué hora se levanta?

[2] ¿Qué desayuna?

[3] ¿Cómo va al trabajo?

[4] ¿Con quién come?

[5] ¿Dónde hace aeróbic?

3.6. ¿Cómo son las familias españolas? Las siguientes opciones dan información sobre los diferentes tipos de familias que existen en España. Léelas.

Una familia en España

[1] Tiene:
 a. uno o dos hijos;
 b. más de tres hijos;
 c. no tiene hijos.

[2] Vive en:
 a. un chalet cerca de la ciudad;
 b. un piso en una urbanización de una gran ciudad;
 c. una casa.

[3] El padre trabaja:
 a. más de cuarenta horas por semana;
 b. menos de cuarenta horas por semana;
 c. cuarenta horas por semana.

[4] La madre:
 a. trabaja solo fuera de casa;
 b. no trabaja fuera de casa;
 c. trabaja fuera de casa y también en casa.

[5] Los fines de semana:
 a. salen al campo;
 b. no salen de casa y ven la televisión;
 c. van al cine y a comer a un restaurante.

[6] Su medio de transporte habitual es:
 a. el tren;
 b. el coche propio;
 c. el autobús.

Etapa I. Nivel A1.I

3.6.1. 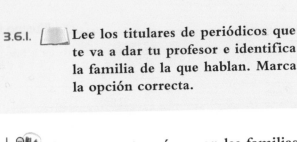 Lee los titulares de periódicos que te va a dar tu profesor e identifica la familia de la que hablan. Marca la opción correcta.

3.7. Vamos a contar cómo son las familias en nuestros países. Intentad mezclaros por nacionalidades y hablad sobre los diferentes tipos de familias que hay en vuestros países (número de hijos, transporte que usan, horas de trabajo, etc.).

3.7.1. Escribid titulares que describan los diferentes tipos de familias y colgadlos por la clase.

4 Reflexiona

4.1. Completa en clase o en casa las siguientes frases.

1. He aprendido... ....
....
....

2. Tengo más problemas para recordar... ....
....
....

3. Las estrategias que puedo utilizar para comunicarme oralmente son.... ....
....
....

4. Las estrategias que puedo utilizar para comprender audiciones son... ....
....
....

5. Las estrategias que puedo utilizar para comprender textos son... ....
....
....

Libro de ejercicios

Etapa 1
Cosas

Nivel

A1.1

© Editorial Edinumen, 2009.

© **Equipo Entinema:** Beatriz Coca del Bosque, Anabel de Dios Martín, Sonia Eusebio Hermira, Elena Herrero Sanz, Macarena Sagredo Jerónimo.
   Coordinación: Sonia Eusebio Hermira.

© **Autoras de este material:** Beatriz Coca del Bosque, Elena Herrero Sanz, Macarena Sagredo Jerónimo.

Coordinación editorial:
Mar Menéndez

Diseño y maquetación:
Carlos Yllana y Ana Gil

Ilustraciones:
Carlos Yllana

Fotografías:
Archivo Edinumen, Daniel Mor-
dzinski (página 79, fotografía 2),
Emilio Cobos/FEB (página 79,
fotografía 3).

Editorial Edinumen
José Celestino Mutis, 4.
28028 Madrid
Teléfono: 91 308 51 42
Fax: 91 319 93 09
e-mail: edinumen@edinumen.es
www.edinumen.es

Índice de contenidos

Las soluciones y transcripciones de los ejercicios puedes consultarlas en **www.edinumen.es/eleteca**

Unidad I

Cosas del primer día

I.I. Coloca las palabras para formar las preguntas.

> llamas ■ cómo ■ eres ■ lenguas
> dónde ■ de ■ hablas ■ qué ■ te

1. ► ¿...?
► Me llamo Ana.

2. ► ¿...?
► Soy española.

3. ► ¿...?
► Hablo español e inglés.

> vives ■ a ■ dónde
> te ■ dedicas ■ qué

4. ► ¿...?
► Vivo en Madrid.

5. ► ¿...?
► Soy estudiante.

I.2. Completa estos diálogos con las palabras del cuadro.

> años ■ dónde ■ 23 ■ soy
> qué ■ francés ■ médico

1. ► ¿De .... eres?
► .... venezolana.

2. ► Eres ...., ¿verdad?
► Sí, trabajo en un hospital.

3. ► ¿..................... lenguas hablas?
► .... y español.

4. ► ¿Cuántos .... tienes?
► .... años.

I.3. Escucha y escribe las preguntas de las respuestas que oigas.

[19]

1. ¿...?

2. ¿...?

3. ¿...?

4. ¿...?

5. ¿...?

I.4. Relaciona las tres columnas y escribe frases.

- Soy
- Trabajo
- Vivo
- Tengo
- Hablo

de
en
Ø

- Suiza.
- un hospital.
- 18 años.
- inglés y francés.
- médico.
- italiano.

1. ....

2. ....

3. ....

4. ....

5. ....

6. ....

7. ....

I.5. Completa las frases con el verbo correcto.

1. ¿De dónde .... (tú)?

2. (Yo) .... en un restaurante.

3. Yo no .... Alfredo, ... Carlos.

4. (Tú) .... en Australia, ¿no?

5. Yo .... italiano, y ¿tú?

6. ¿Cuántos años .... (tú)?

7. Tú .... en un hospital, ¿no?

8. Yo .... arquitecto.

9. ¿Qué lenguas .... (tú)?

1.6. Escucha las siguientes letras y escribe, al lado de cada una de ellas, el número según el orden que escuchas.

[20]

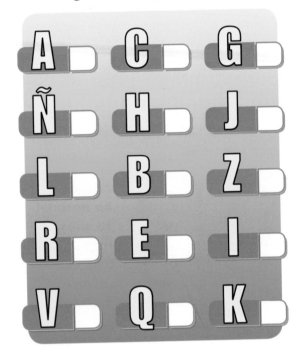

1.7. Lee el nombre de las letras y escribe las palabras.

1. ce, o, ele, o, eme, be, i, a.
....

2. de, o, ese, ce, i, e, ene, te, o, ese.
....

3. pe, erre, o, efe, e, ese, o, erre, a.
....

4. ene, a, ce, i, o ene, a, ele, i de, a, de, e, ese.
....

5. e, ese, te, u, de, i, a, ene, te, e.
....

6. erre, e, ese, te, a, u, erre, a, ene, te, e.
....

7. be, o, ele, i, ge, erre, a, efe, o.
....

1.8. Deletrea estos apellidos españoles como en el ejemplo.

1. Hernández Llanos:
hache, e, erre, ene, a, ene, de, e, zeta / Elle, a, ene, o, ese.
....

2. Vargas Bryce:
....
....
....

3. García Márquez:
....
....
....

4. Jerónimo Giraldo:
....
....
....

1.9. Escribe una palabra en español que empiece por estas letras.

b

c

d

f

j

l

m

n

p

r

s

v

I.10. Busca el intruso. Marca en cada columna la palabra que no corresponde.

☐ italiano	☐ alemana
☐ uruguayo	☐ española
☐ chileno	☐ italiano
☐ inglés	☐ portuguesa

☐ Venezuela	☐ japonés
☐ Colombia	☐ panameña
☐ Inglaterra	☐ peruano
☐ brasileño	☐ español

I.11. Escribe el nombre de los países y de las nacionalidades en el siguiente mapa.

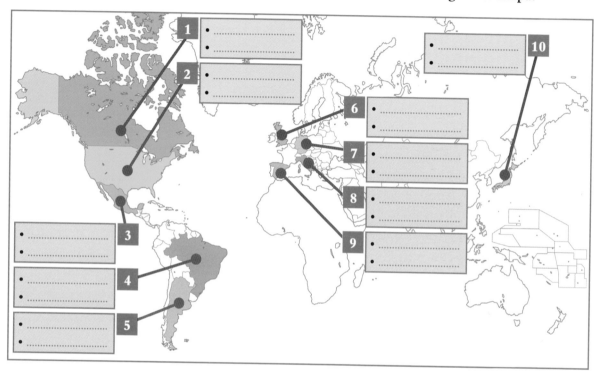

I.12. Escribe la nacionalidad de los siguientes productos.

1. La baguette: _francesa_

2. El flamenco: ....

3. La Coca-Cola: ....

4. El sake: ....

5. La arepa: ....

6. El mojito: ....

7. La pizza: ....

8. El fado: ....

9. El taco: ....

10. La samba: ....

I.13. Escribe debajo del dibujo el nombre de las profesiones.

1. ► ¿A qué te dedicas?
   ▷ Soy ....

Etapa I. Nivel A1.1

2. ► ¿A qué te dedicas?
▷ Soy ....

3. ► ¿A qué te dedicas?
▷ Soy ....

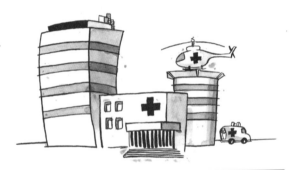

4. ► ¿A qué te dedicas?
▷ Soy ....

5. ► ¿A qué te dedicas?
▷ Soy ....

1.14. Escribe estas palabras en la columna correspondiente, según el ejemplo.

vivir en España   trabajo   viajar

placer   estudios   hablar con españoles

estudiar en Chile   amor, porque mi novio es argentino

¿Por qué quieres aprender español?

Por	*trabajo*

Para	*vivir en España*

1.15. Completa los siguientes dibujos con los saludos del recuadro.

encantado ■ hola ■ buenos días
buenas tardes ■ ¿qué tal?

Hola.

1

1. tres + ... = once.

2. cinco **x** cinco = ...

3. .... – cien = ochocientos.

4. sesenta + ... = ciento treinta.

5. cuatrocientos + ... = mil.

6. doscientos cuarenta **x** dos = ...

7. mil – trescientos = ...

I.17. Completa la lista con tres números más.

1. diez, veinte, treinta,............................
....

2. quinientos cinco, quinientos diez, quinientos quince,............................
....

3. cuarenta, ochenta, ciento veinte,............................
....

4. doscientos dos, trescientos tres, cuatrocientos cuatro,............................
....

5. mil, novecientos noventa, novecientos ochenta,............................

1.18. Bingo. Escucha y marca los números que oigas en cada cartón.

[21]

1.19. Escribe los siguientes números.

600   16   9   900   55   60   15   70   750   500

1. _ _ _ S E _ _ _ A.
2. _ U _ _ _ _ _.
3. _ O _ _ _ _ E _ _ _ S.
4. S _ _ _ _ N _ _.
5. _ E T _ _ _ _ _ _ _ _ S   C _ _ C _ _ _ _ T _.
6. Q _ _ _ I _ _ _ _ _ _.
7. C _ N _ _ E _ _ _ Y _ _ _ _ O.
8. _ _ _ E V _.
9. _ _ I _ C _ E _ _ _ _ _.
10. D _ E _ _ S _ _ _.

1.20. Con los dibujos y la información completa la tabla.

NOMBRE				Rodrigo	Bebo
NACIONALIDAD	italiana	americano			
PROFESIÓN	∅		médica		
EDAD			47 años		63 años

1. Mike es profesor de universidad.
2. Adriana tiene un año.
3. Un hombre tiene 26 años.
4. Ludmila es rusa.
5. El hombre americano tiene 39 años.
6. El camarero es argentino.
7. El músico es cubano.

I.21. Mira las preguntas, después lee el texto y escribe las respuestas.

1. ¿Cuántos años tiene Linda?
....

2. ¿De dónde es Linda?
....

3. ¿Dónde vive ahora?
....

4. ¿A qué se dedica?
....

5. ¿Cómo se llama la escuela de español de Linda?
....

Chat

○○○

Linda

Hola!, ¿qué tal?

Me llamo Linda Porsdir, tengo 32 años y soy sueca. Ahora vivo en España por amor, porque mi novio trabaja en Madrid en una empresa española. Soy profesora de Matemáticas, pero aquí estudio español en una escuela que se llama Aprende Rápido. Mi dirección en Madrid es: C/ Almonte n.º 16, 4.ºD, y mi móvil es 654236030. Hablo sueco, inglés y un poco de español.

Llámame para practicar.

I.22. Preséntate en el chat de español y escribe tu información personal: nombre, nacionalidad, edad, profesión, lugar de residencia (dónde vives) y lenguas que hablas.

Chat

○○○

....
....
....
....
....

I.23. Escribe las letras que faltan y completa estos objetos del aula.

1. D _ CC _ _ _ _ _ _ _ O

2. _ O _ _ G _ A _ _

3. _ A _ P _ T _

4. C _ _ D _ R _ _

5. _ _ P _ Z

6. P _ _ A _ _ A

7. _ _ P _ L _ R _

8. _ I _ _ O

9. F _ L _ _

10. _ _ T _ _ _ _ _ OR

11. V _ N _ _ N _

12. _ O _ _ A _ O _

Unidad 2

Cosas de familia

2.1. Busca nueve palabras relacionadas con la familia. Empieza en la H.

```
H I J A C R E T I Z E P A D R E K N U T A T R U B E Z O S A S O B R I N A Ñ R I T P
U                                                                                 P
Ñ                                                                                 U
I                                                                                 R
O                                                                                 N
D                                                                                 I
I                                                                                 E
R                                                                                 T
A                                                                                 O
M                                                                                 R
E                                                                                 C
R                                                                                 U
J A S A L E U B A L E G O T A X I O I T U O S O P S E L A L O R E J U M P A L A K
```

2.2. Completa las columnas.

1. MASCULINO SINGULAR	2. FEMENINO SINGULAR	3. MASCULINO PLURAL	4. FEMENINO PLURAL
	tía		
sobrino			
		hermanos	
			abuelas
	mujer		
padre			
		nietos	

2.3. Lee el texto y completa los nombres del árbol genealógico de María.

Me llamo María y estoy soltera. Mi padre se llama Juan y mi madre Eloísa. Tengo tres hermanos: Cristina, Sergio y Enrique. Cristina está casada con Ángel. Tienen dos hijos, Lucas y Julia. La mujer de Sergio se llama Isabel. Tienen una hija, Jimena. Enrique está soltero.

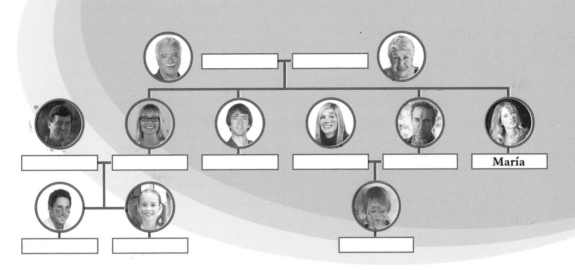

2.3.1. **Completa las siguientes frases con la información de la familia de María.**

1. Juan es el .... de Jimena.

2. Lucas es el .... de Julia.

3. María es la .... de Lucas.

4. Jimena es la .... de Eloísa.

5. Julia es la .... de Cristina.

6. Ángel es el .... de Enrique.

7. Lucas es el .... de María.

8. Isabel es la .... de Jimena.

9. Cristina es la .... de Ángel.

10. Sergio es el .... de Isabel.

2.4. **Completa las siguientes preguntas con las palabras del cuadro.**

cuántas ■ cuántos ■ dónde ■ cómo
dónde ■ cómo ■ qué ■ cuántos

1. ¿De .... eres?

2. ¿ .... años tiene tu hermano?

3. ¿ .... es tu madre?

4. ¿ .... vives?

5. ¿A .... se dedica tu padre?

6. ¿ .... lenguas hablas?

7. ¿ .... hijos tienes?

8. ¿ .... se llama tu cuñada?

2.4.1. **Relaciona estas respuestas con las preguntas anteriores.**

a. Dos: inglés y portugués. ....

b. Es alta y delgada. ....

c. Es profesor. ....

d. 28 años. ....

e. De Brasil. ....

f. En Río de Janeiro. ....

g. Sara. ....

h. Dos. ....

2.5. **Completa los datos que faltan en las columnas según la siguiente información.**

Hay dos mujeres (María y Violeta) y dos hombres (Nicolás y Juan). María tiene 54 años. La mujer que es de España tiene 30 años menos que María. Se llama Violeta. El hombre que tiene 60 años es médico. Juan es de Bolivia y tiene 30 años. La mujer argentina es profesora. El abogado no es de Perú. El médico se llama Nicolás.

	NOMBRE	PROFESIÓN	EDAD	NACIONALIDAD
1.	María			Argentina
2.			60 años	
3.		actriz		
4.				Bolivia

2.6. Elige la opción correcta.

1. ......**Mi**...... abuelos están jubilados.

a. mis   b. mi   c. su

2. ¿A qué se dedica ......**tu**...... padre?

a. tus   b. tu   c. sus

3. ......**su**...... marido es ingeniero.

a. su   b. sus   c. tus

4. ......**Mi**...... sobrina tiene dos años.

a. mis   b. sus   c. mi

5. ......**sus**...... hijos son estudiantes.

a. mi   b. sus   c. tu

6. ¿Cuántos años tienen ......**tu**...... padres?

a. su   b. tu   c. sus

2.7. Completa con los posesivos necesarios: *mi/mis, tu/tus, su/sus*.

1. ▶ ¿Cómo se llama tu hijo?
▷ .....**Mi**..... hijo se llama Lucas.

2. ▶ ¿Dónde viven .....**tus**..... hijos? .
▷ Mis hijos viven en España, ...**Mi**..... hijo en Madrid y .....**Mi**..... hija en Toledo.

3. ▶ ¿Pepa, sabes cuántos años tiene el marido de Cristina?
▷ Sí, ...**su**..... marido tiene 45 años.

4. ▶ ¿De dónde es .....**tu**..... mujer?
▷ Mi mujer es española.

5. ▶ Sergio está casado. .....**su**..... mujer se llama Isabel.
is married

6. ▶ Cristina y Ángel están casados. .....**sus**..... hijos son Lucas y Julia.

7. ▶ Macarena, ¿cuántos años tiene .....**tu**..... hermano?
▷ .....**Mi**..... hermano tiene 30 años.

8. ▶ Juan y María nunca hablan con .....**sus**..... hijos de los problemas de la escuela.

2.8. Esta es la información sobre la familia de Penélope Cruz. Escribe un texto con estos datos.

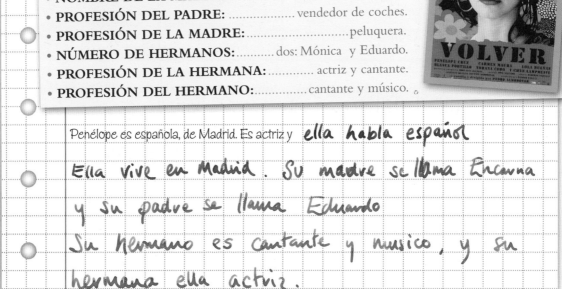

- NACIONALIDAD DE PENÉLOPE: ....Madrid, España.
- PROFESIÓN DE PENÉLOPE: ....actriz.
- EDAD DE PENÉLOPE: ....34 años.
- DOMICILIO DE PENÉLOPE: ....Los Ángeles.
- NOMBRE DEL PADRE: .... Eduardo Cruz.
- NOMBRE DE LA MADRE: .... Encarna Sánchez.
- PROFESIÓN DEL PADRE: ....vendedor de coches.
- PROFESIÓN DE LA MADRE: ....peluquera.
- NÚMERO DE HERMANOS: .... dos: Mónica y Eduardo.
- PROFESIÓN DE LA HERMANA: .... actriz y cantante.
- PROFESIÓN DEL HERMANO: ....cantante y músico.

Penélope es española, de Madrid. Es actriz y *ella habla español*

Ella vive en Madrid. Su madre se llama Encarna y su padre se llama Eduardo

Su hermano es cantante y músico, y su hermana ella actriz.

(handwritten top) opposites   to have   to be   to wear.

2.9. Completa estas columnas con vocabulario de descripción física.

(handwritten left margin) tall / short / fat / thin

1.	2. _(hair)_	3.
alto	pelo corto _(short)_	rubia
bajo	_pelo largo_	castaño
gordo	pelo liso _(straight)_	_moreno_
delgado	_pelo rizado_ _(fuzzy)_	pelirrojo

(handwritten left margin) blue eyes / black eyes / brown " / green "

4.	5.	6.
ojos azules	_bigote_ _(moustache)_	blanco _(white)_
ojos negros	_barba_ _(beard)_	negro _(black)_
ojos marrones	gafas _(glasses)_	_oriental_ _(oriental)_
ojos verdes		

2.9.1. Relaciona las columnas del ejercicio anterior con los siguientes verbos.

TENER	SER	LLEVAR
el pelo blanco, negro	alto	gafas
los ojos azules marrones	gordo	bigote
	bajo	barba
	delgado	
	rubia	
	castaño	

(handwritten right margin) glasses / moustache / beard.

2.10. Completa las siguientes descripciones con los verbos adecuados y la información de los dibujos.

Mi padre se llama Jesús, **(a)** *(ser/tener)* _es_ **(1)** _alto_ y **(2)** _delgado_, **(b)** *(ser/tener)* _tiene_ los **(3)** _ojos_ negros, **(c)** *(ser/tener)* ~~tiene~~ _es_ **(4)** _moreno_ **(d)** *(ser/tener)* _tiene_ el pelo **(5)** _corto_. Lleva **(6)** _gafas_. Mi madre se llama Esther, **(e)** *(ser/tener)* _es_ **(7)** _rubia_, **(f)** *(ser/tener)* _tiene_ el pelo **(8)** _largo_ y **(9)** _liso_ **(g)** *(ser/tener)* _ella tiene_ los ojos verdes y **(h)** *(ser/tener)* _ella es_ muy guapa. Mi hermana se llama Lola, **(i)** *(ser/tener)* _tiene_ **(10)** _25 años_, castaña y **(11)** _56 Kg_, **(j)** *(ser/tener)* _ella tiene_ el pelo **(12)** _largo_ y **(13)** _rizado_ y los **(14)** _ojos_ marrones.

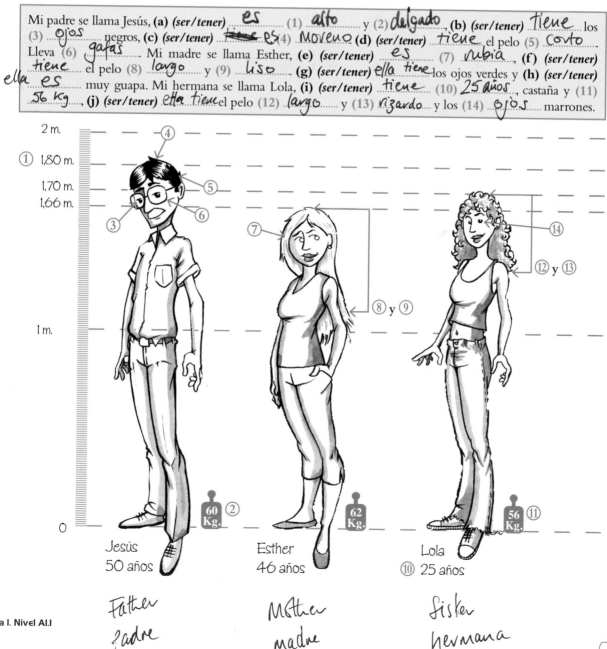

2 m.
① 1,80 m.
1,70 m.
1,66 m.
1 m.
0

④ ⑤ ③ ⑥

⑦ ⑧ y ⑨

⑭ ⑫ y ⑬ ⑪

60 Kg. ②   62 Kg.   56 Kg. ⑪

Jesús 50 años   Esther 46 años   Lola ⑩ 25 años

(handwritten) Father / padre   Mother / madre   Sister / hermana

2.11. Mira los siguientes dibujos, escucha las descripciones de las siguientes personas y marca verdadero o falso, según la imagen.

[22]

1. V ☐ /F ☐

2. V ☐ /F ☐

3. V ☐ /F ☐

4. V ☐ /F ☐

5. V ☐ /F ☐

6. V ☐ /F ☐

7. V ☐ /F ☐

8. V ☐ /F ☐

2.12. Busca en la sopa de letras 8 adjetivos de carácter.

R	Q	O	T	O	O	D	E	M	A
A	U	S	I	L	A	I	A	L	T
B	I	E	U	U	M	A	J	O	S
U	C	S	N	P	C	T	T	N	I
R	G	E	N	E	R	O	S	A	M
R	D	O	R	C	L	M	E	M	P
I	I	L	V	R	L	E	R	S	A
D	C	U	E	U	A	E	A	S	T
A	M	A	B	L	E	D	R	E	I
U	M	T	I	Q	U	U	O	Q	C
A	N	T	I	P	A	T	I	C	O

2.13. Ordena las letras para formar adjetivos de descripción de carácter. La primera letra de cada uno está ordenada. Todos están en masculino.

1. A R E T I B O ≠ C O R E R D A
2. S O M T I P A C I ≠ A N P I T O C A T I
3. T A Ñ O C A ≠ G O S E N E R O
4. A R B I R U D O ≠ D E T I R V I D O
5. C O P L A M I D A C O
6. M O J A
7. A B L A M E

1. .... ≠ ....
2. .... ≠ ....
3. .... ≠ ....
4. .... ≠ ....
5. ....
6. ....
7. ....

2.14. En este cuadro hay cuatro parejas de contrarios y cinco palabras más. Escribe las parejas.

alto/a ■ simpático/a ■ aburrido/a ■ amable ■ gordo/a ■ generoso/a ■ antipático/a moreno/a ■ abierto/a ■ tacaño/a divertido/a ■ guapo/a ■ cerrado/a

1. ....
2. ....
3. ....
4. ....

2.16. Busca la palabra que no se corresponde en cada columna.

bajo	barba	¿Cómo se llama?	simpático
hijo	joven	¿A qué se dedica?	abierto
abuelo	alto	¿Dónde vives?	generoso
hermano	fea	¿Cuántos años tiene?	amable

2.17. Lee la información sobre estas personas y elige el nombre correcto.

1. Es español, es un jugador de baloncesto. Ahora vive en Los Ángeles y es joven. Tiene un hermano que también es jugador de baloncesto. Físicamente es muy alto, moreno y ni guapo ni feo. Tiene los ojos marrones y el pelo largo y rizado. A veces lleva barba. Está soltero. Es simpático y majo.

Se llama: **a.** Rafa Nadal **b.** Pau Gasol **c.** Lance Armstrong

2. Es chilena, está casada y tiene tres hijos. Habla alemán, francés, portugués y, claro, español. Es rubia, tiene el pelo corto y liso y lleva gafas; sus ojos son castaños y es muy simpática y buena persona. Es la presidenta de Chile.

Se llama: **a.** Hillary Clinton **b.** Angela Merkel **c.** Michelle Bachelet

3. Es español, de Barcelona, pero vive en Los Ángeles. Es calvo y gordito, tiene los ojos marrones y lleva gafas y barba. Es escritor y está soltero. Es amable y generoso. Su libro más famoso es *La sombra del viento*.

Se llama: **a.** Carlos Ruiz Zafón **b.** Stephen King **c.** Mario Vargas Llosa

4. Es español, de Córdoba. Baila flamenco por todo el mundo y tiene su propia compañía de baile. Es bajo y delgado. Tiene el pelo negro, largo y liso, los ojos negros, es joven y muy guapo. Es muy generoso con su familia. Está soltero.

Se llama: **a.** Joaquín Cortés **b.** Camarón de la Isla **c.** Antonio Banderas

2.18. Escucha la siguiente lista de palabras y marca la opción correcta.

[23]

1. _ OTA .... g ☐ j ☐
2. _ ATO .... g ☐ j ☐
3. _ UADALAJARA .... g ☐ j ☐
4. _ AÉN .... g ☐ j ☐
5. RO _ O .... g ☐ j ☐
6. LU _ AR .... g ☐ j ☐
7. _ AMÓN .... g ☐ j ☐
8. NARAN _ A .... g ☐ j ☐

9. _ INCO .... c ☐ z ☐
10. _ APATO .... c ☐ z ☐
11. ZARAGO _ A .... c ☐ z ☐
12. CÁ _ ERES .... c ☐ z ☐
13. VALEN _ IA .... c ☐ z ☐
14. _ ERO .... c ☐ z ☐
15. FLAMEN _ O .... c ☐ z ☐
16. A _ EITE .... c ☐ z ☐

2.19. Escucha la siguiente grabación y coloca las palabras que oigas en la columna correspondiente según su pronunciación.

[24]

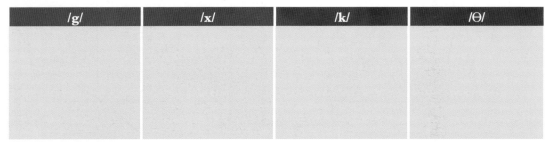

/g/	/x/	/k/	/Ɵ/

Unidad 3

Cosas de casa

3.1. Escribe al lado de los dibujos en qué establecimiento puedes comprar estas cosas.

1. Quiosco
2. Quiosco
3. Perfumería
4. Bar
5. Floristería
6. Supermercado
7. Zapatería
8. Librería
9. Farmacia
10. Bar

3.2. Lee las frases y, con la información, completa los nombres de las personas del dibujo.

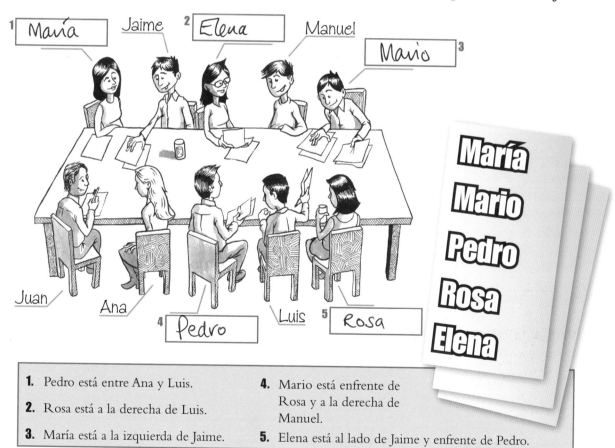

1 María   Jaime   2 Elena   Manuel   Mario 3

Juan   Ana   4 Pedro   Luis   5 Rosa

María
Mario
Pedro
Rosa
Elena

1. Pedro está entre Ana y Luis.
2. Rosa está a la derecha de Luis.
3. María está a la izquierda de Jaime.
4. Mario está enfrente de Rosa y a la derecha de Manuel.
5. Elena está al lado de Jaime y enfrente de Pedro.

Etapa I. Nivel A1.1

3.2.1. Con el dibujo del ejercicio anterior completa estas frases. Escribe la palabra de ubicación adecuada.

1. Elena está *enfrente de* Pedro.
2. Elena está *a la izquierda de* Manuel.
3. Ana está *a la derecha de* Juan.
4. Luis está *enfrente de* Manuel.
5. Jaime está *entre* Elena y María.
6. Manuel está *entre* Mario y Elena.

3.3. Completa las siguientes frases con *hay* o *está*.

1. *Hay* un banco en el barrio.
2. *Está* enfrente de la farmacia.
3. ¿Dónde *está* el restaurante Botín?
4. ¿No *hay* estación de autobuses aquí?
5. ¿Dónde *hay* un quiosco por aquí cerca?
6. El restaurante *está* entre la librería y mi casa.

7. ¿ *Hay* un mercado en tu ciudad?
8. ¿ *Hay* una floristería cerca de aquí?
9. ¿Dónde *está* el museo Reina Sofía?
10. ¿ *Hay* muchos museos en tu ciudad?
11. ¿ *Hay* lavadora en el apartamento?
12. La lavadora *está* entre el lavavajillas y la vitrocerámica.

3.4. Luis está en el Km 0, en la Puerta del Sol. Mira el plano y responde a sus preguntas.

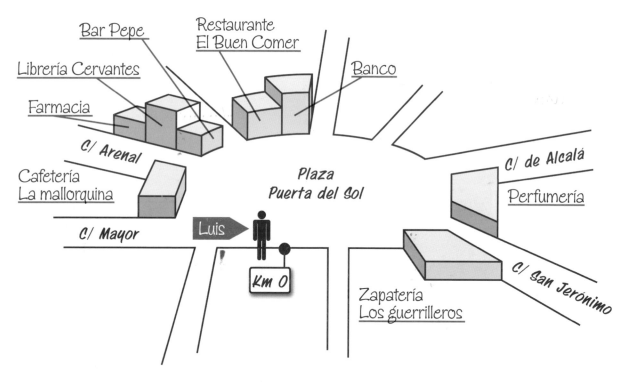

1. ¿Dónde hay un banco?
   ....

2. ¿Dónde está la librería Cervantes?
   ....

3. ¿Dónde hay una zapatería?
   ....

4. ¿Dónde está el restaurante El Buen Comer?
   ....

5. ¿Dónde hay una perfumería?
   ....

6. ¿Hay un supermercado por aquí?

3.5. Completa el esquema con el vocabulario de la casa.

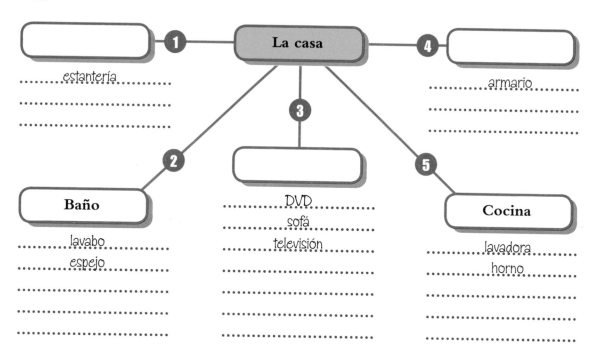

La casa

① ....estantería........
....
....

④ ....armario........
....
....

③ ....DVD........
........sofá........
........televisión........
....
....

② **Baño**
........lavabo........
........espejo........
....
....
....

⑤ **Cocina**
........lavadora........
........horno........
....
....

3.6. Completa el crucigrama con vocabulario de la casa.

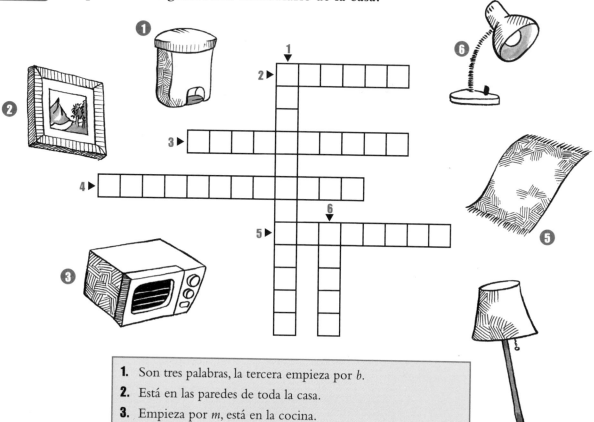

1. Son tres palabras, la tercera empieza por *b*.
2. Está en las paredes de toda la casa.
3. Empieza por *m*, está en la cocina.
4. Está en el salón, cerca del sofá. Es muy alta. Son tres palabras.
5. Está en el salón o en el dormitorio, en el suelo.
6. Normalmente hay uno en el estudio, termina en *o*.

3.7. Busca las seis diferencias y escríbelas.

1. ....
2. ....
3. ....

4. ....
5. ....
6. ....

3.8. Escucha la descripción de este apartamento y completa el plano con los muebles y aparatos que faltan: ducha, mesilla, mesa y tres sillas, microondas.

[25]

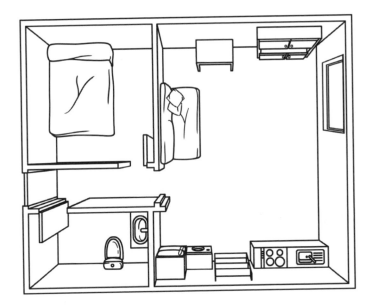

3.9. Pronunciación: en cada columna hay dos palabras que no son correctas. Identifícalas y escríbelas en la columna correspondiente. Comprueba tu respuesta con la audición.

[26]

1. ● ○ ○		2. ● ○		3. ●	
microondas		mochila	bañera	farmacia	lámpara	salón
televisión		estación	horno	frigorífico	sofá	estantería
vitrocerámica		flexo	perchero		sillón	
		alfombra	váter		bar	

3.10. Escribe debajo de cada dibujo una frase como en el ejemplo.

1. Están nerviosos.
2. ....
3. ....
4. ....
5. ....
6. ....
7. ....
8. ....
9. ....
10. ....

3.10.1. Separa las frases del ejercicio anterior en estados de ánimo y estados físicos.

Estados de ánimo

Estados físicos

3.11. Completa la tabla con el verbo o el pronombre adecuados.

1.	Ellos		hambre.
2.		estamos	cansados.
3.	Yo		sueño.
4.	Tú		sed.
5.	Vosotros		miedo.
6.		tienen	frío.
7.		está	enfadada.
8.	Nosotras		nerviosas.
9.		tiene	calor.
10.	Ellas		contentas.

3.12. Encuentra y marca en cada columna la palabra que no pertenece a la lista.

cocina ○	nervioso ○	sed ○
salón ○	aburrido ○	está ○
estudio ○	ducha ○	hambre ○
debajo de ○	contento ○	frío ○
baño ○	triste ○	sueño ○

sillón ○	enfrente de ○
horno ○	al lado de ○
lavadora ○	entre ○
frigorífico ○	a la derecha de ○
vitrocerámica ○	silla de estudio ○

3.13. Lee el siguiente texto y contesta a las preguntas.

Aparthotel Palma Beach

Urbanización Cien Palmeras
Alicante

Situación: frente a la Playa Palmera.

Acomodación: apartamentos 4/5. Con dos dormitorios con dos camas cada uno, baño completo, salón comedor con sofá cama, terraza, televisión, teléfono y microondas.

Instalaciones y complementos: cafetería, restaurante, parking. Muy cerca hay un banco y estación de autobuses.

1. ¿Dónde está el Aparthotel Palma Beach?
....

2. ¿Cuántas camas hay en el apartamento?
....

3. ¿Hay lavadora en el apartamento?
....

4. ¿Qué establecimientos hay cerca del Aparthotel?
....

5. ¿Qué habitaciones hay en el apartamento?
....

3.13.1. Di si es verdadero o falso.

	V	F
1. El aparthotel está detrás de la playa.	○	○
2. El apartamento es para cinco personas.	○	○
3. En los apartamentos no hay microondas.	○	○
4. El sofá cama está en el dormitorio.	○	○
5. Hay un parking cerca.	○	○

3.14. Ordena las palabras y quita la que no corresponde como en el ejemplo.

1. ¿es/te/llamas/Cómo?
¿Cómo te llamas?

2. ¿dónde/estás/eres/De?
....

3. ¿Juan/A/dedica/te/qué/se?
....

4. ¿tienes/Cuántos/estás/años?
....

5. ¿vives/Dónde/cuñado/vive/tu?
....

6. ¿Cómo/tu/hermana/es/dónde?
....

7. Luis/pelo/el/largo/la/tiene.
....

8. delgada/está/baja/y/es/joven/Luisa.
....

9. Llevo/ojos/bigote/los/tengo/y/el/marrones.
....

10. ¿barrio/una/Hay/tu/floristería/en/está?
....

11. ¿está/un/Dónde/supermercado/el?
....

3.15. Ordena las letras y descubre la palabra con la información.

1. Es una profesión:
MÁRFOINTICO ....

2. Es un mueble:
ROMARIA ....

3. Es una nacionalidad:
ZONAVELANE ....

4. Es un país:
GUARUYU ....

5. Es un adjetivo para describir a una persona:
BIRUA ....

6. Es una cosa que está en el aula:
PELEPARA ....

7. Es un número:
TOSENQUINI ....

8. Es un establecimiento:
BRELIRÍA ....

9. Es un adverbio de ubicación:
FRENENTE ....

10. Es un estado de ánimo:
VISONERO ....

11. Es un estado físico:
BREHAM ....

Cosas del tiempo libre

4.1. Escribe las vocales que faltan para formar los días de la semana y ordénalos en los espacios en blanco.

S _ B _ D _.	**1.** ....
L _ N _ S.	**2.** ....
M _ _ R C _ L _ S.	**3.** ....
D _ M _ N G _.	**4.** ....
J _ _ V _ S.	**5.** ....
M _ R T _ S.	**6.** ....
V _ _ R N _ S.	**7.** ....

4.2. Busca en la sopa de letras los siguientes objetos.

```
A S I T M M T N R D A M L T
C T S E R V I L L E T A I E
C I I R D A S E M S U Q V M
U A L I E C U S E O M A N P
C T I O T C N S T F S A I O
H U B Q E A D I A O I T E R
A M U U N S B N T I L U T C
R A P I E A C U C H I L L O
A D L A D N A I R I O A D P
U I A N O D D U N E S S Q A
M A T I R U M N E I T A Z A
E N O S U N I T T T I E A R
```

4.3. Lee la definición y elige la opción correcta.

1. Se usa para cortar.
a. cuchara   b. cuchillo

is used to cut

2. Persona que trabaja en un bar.
a. cliente   b. camarero

person who works in a bar

3. Sirve para sentarse en un bar.
a. taburete   b. plato

is sitting in a bar.

4. Se usa para beber agua.
a. mesa   b. vaso

is used to drink water

5. Sirve para comer pasta.
a. tenedor   b. taza

it is used for eating past.

6. Sirve para limpiarse.
a. servilleta   b. cuchillo

it is used for cleaning up.

7. Se usa para comer sopa.
a. tenedor   b. cuchara

is used to eat soup

4.4. Coloca las letras y escribe las palabras en los espacios en blanco.

1. C ....   **2.** ....

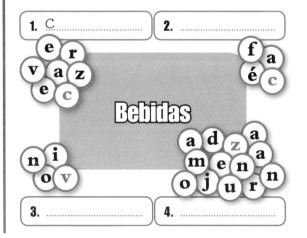

3. ....   **4.** ....

5. ....

6. ....

Comidas

e r r
p i o t
m
a u r
h g s a
e u b
h
s i c á
d w n
n i c o d t a
h p r l l i
t e o
c l b
d o a
l o i

7. ....

8. ....

9. ....

4.5. Marca con una x las combinaciones frecuentes en un bar.

1. ○ Un bocadillo de calamares.

2. ○ Un pincho de croquetas.

3. ○ Una ración de queso.

4. ○ Un bocadillo de gambas.

5. ○ Un sándwich vegetal.

6. ○ Una ración de boquerones en vinagre.

4.6. Relaciona las siguientes columnas y escribe frases completas.

- un bocadillo
- un sándwich
- una ración
- un pincho

ø

de

- mixto
- calamares
- croquetas
- vegetal
- queso
- boquerones en vinagre
- tortilla

Ejemplo: *un bocadillo de calamares*

1. ....

2. ....

3. ....

4. ....

5. ....

6. ....

7. ....

8. ....

4.7. Completa el siguiente diálogo con las palabras del cuadro.

comer ■ calamares ■ cuánto
ración ■ cerveza ■ algo
tomar ■ qué ■ Coca-Cola

► ¿Hola, buenos días.

▷ Buenos días.

► ¿(1) .... quieren (2) .... ?

▷ Yo, una (3) ....

► Para mí, una (4) ....

► ¿Quieren algo de (5) .... ?

▷ Sí, una (6) .... de (7) ....

► ¿(8) .... más?

► No, gracias.

▷ ¿(9) .... es?

► Nueve euros.

▷ Aquí tiene.

4.8. Escucha las siguientes frases que se dicen en un bar y escríbelas en la columna correspondiente.

[27]

1. CAMARERO/A

2. CLIENTE

4.9. Escribe un diálogo entre un camarero y un cliente.

▷ Camarero ....
► Cliente ....
▷ Camarero ....
► Cliente ....
▷ Camarero ....
► Cliente ....

▷ Camarero ....
► Cliente ....
▷ Camarero ....
► Cliente ....
▷ Camarero ....
► Cliente ....

4.10. Mira el siguiente dibujo y marca si las frases son verdaderas o falsas (V/F).

	V	F
1. El hombre que está en el taburete tiene un bocadillo de queso.	○	○
2. En la mesa de las dos mujeres hay dos raciones: una de croquetas y otra de boquerones en vinagre.	○	○
3. El hombre de la mesa está comiendo una hamburguesa.	○	○
4. La mujer de la izquierda está bebiendo una copa de vino.	○	○
5. La mujer de la barra está comiendo un sándwich.	○	○

4.11. Relaciona las dos columnas.

1. jugar

2. ir

3. leer

4. conectarse

5. escuchar

6. hacer

7. ver

- **a.** al cine
- **b.** al tenis
- **c.** el periódico
- **d.** la radio
- **e.** libros
- **f.** yoga
- **g.** a la discoteca
- **h.** al fútbol
- **i.** de compras
- **j.** la tele
- **k.** deporte
- **l.** al campo
- **m.** música
- **n.** a casa de amigos
- **ñ.** aeróbic
- **o.** al Messenger

4.12. Escucha estas palabras y escribe el verbo adecuado.

[28]

Ejemplo: Escuchas ⟩ *al campo*

Escribes ⟩ *ir*

1.	6. ....
2.	7. ....
3.	8. ....
4.	9. ....
5.	10. ....

4.13. Completa los verbos con las palabras adecuadas para formar actividades de tiempo libre.

1. ir	**2.** jugar	**3.** hacer	**4.** escuchar	**5.** leer
....	....	....	....	....
....	....	....	....	....
....	....			
....				

4.14. Escribe debajo de cada imagen la actividad de tiempo libre correspondiente.

1 Jugar al tenis   **2** ....   **3** ....   **4** ....

5 ....   **6** ....   **7** ....   **8** ....

9 ....   **10** ....   **11** ....   **12** ....

4.15. Escucha la conversación entre Mario y Sandra y completa las frases.

[29]

1. A Mario le gusta mucho ....

2. A Mario le gusta ....

3. A Mario no le gusta ....

4. A Sandra le gusta mucho ....

5. A Sandra le gusta ....

6. A Sandra no le gusta ....

4.16. Elige la opción correcta y completa.

1. A Ana le .... mucho ir al campo.
  a. gusta   **b.** gustan

2. A mis padres les .... salir con sus amigos.
  a. gusta   **b.** gustan

3. ¿Te .... las patatas fritas?
  a. gusta   **b.** gustan

4. No me .... la leche.
  a. gusta   **b.** gustan

5. Me .... mucho los museos.
  a. gusta   **b.** gustan

6. Nos .... mucho los zumos de naranja.
  a. gusta   **b.** gustan

7. ¿Os .... la cerveza?
  a. gusta   **b.** gustan

8. A mi profesor le .... mucho España.
  a. gusta   **b.** gustan

Se usa *gusta* + ...

Se usa *gustan* + ...

4.17. Escribe frases relacionando los elementos de las siguientes columnas.

| • A mis hermanos
• A mí
• A Juan
• A María y a ti
• A mi padre y a mí
• A ti | no | • me
• te
• le
• nos
• os
• les | gusta
gustan | • los toros.
• el cine.
• estudiar español.
• los libros.
• la pizza.
• jugar al fútbol. |

1. ....
2. ....
3. ....
4. ....
5. ....
6. ....

4.18. Completa las siguientes frases con los pronombres *(me, te, le, nos, os, les)*.

1. Juan, ¿ *Te* gusta pasear por el campo?

2. A mí no *Me* gusta ver la televisión.

3. Chicos, ¿ .... gustan los zumos de naranja.

4. A Ana no .... gustan los toros.

5. A mis hermanos y a mí .... gusta mucho vivir en España.

6. A mis padres .... gusta ir al cine los fines de semana.

4.19. Ordena las palabras y escribe frases.

Ejemplo: me/no/la música clásica/gusta.
No me gusta la música clásica.................................

1. A Pablo/la cerveza/mucho/le/gusta.
   ....

2. ¿gusta/Te/el museo del Prado?
   ....

3. las discotecas/me/gustan/No.
   ....

4. nos/gusta mucho/A nosotros/el fútbol.
   ....

5. ¿los bocadillos de calamares/gustan/Os?
   ....

4.20. Termina las siguientes frases.

1. Me gusta ~~beber~~ el vino ....
   ....

2. A mis padres les gusta ....
   ....

3. A mi hermana le gustan ....
   ....

4. A mi profesor le gusta ....
   ....

5. A mis amigos y a mí no nos gusta ....
   ....

6. A mis amigos les gustan ....
   ....

7. No me gusta ....
   ....

4.21. Escucha y contesta las preguntas.

🔊
[30]

1. ¿A quién le gusta jugar al tenis?
   ....

2. ¿A Inés le gusta hacer deporte?
   ....

3. ¿Qué les gusta a Julio y a Inés?
   ....

4. ¿Qué les gusta a los tres hermanos?
   ....

5. ¿Qué comida no le gusta a Inés?
   ....

Unidad 5

Cosas cotidianas

5.1. Pon las vocales que faltan y escribe los meses del año.

1. nr ....
2. jl ....
3. mrz ....

4. gst ....
5. fbrr ....
6. dcmbr ....

7. my ....
8. nvmbr ....
9. jn ....

10. sptmbr ....
11. brl ....
12. ctbr ....

5.2. Escucha y ordena estos relojes según el orden de las horas que oigas.

[31]

a. ☐   **b.** ☐   **c.** ☐   **d.** 1   **e.** ☐   **f.** ☐

5.3. ¿Qué hora es? Escribe la hora que marca cada reloj.

1. ....
3. ....
5. ....

2. ....
4. ....
6. ....

5.4. Escribe el nombre de las acciones habituales debajo de cada dibujo.

1. levantarse ....
2. ....
3. ....
4. ....
5. ....

6. ....
7. ....
8. ....
9. ....
10. ....

5.5. Coloca los verbos en la columna correspondiente.

volver ■ desayunar ■ cenar ■ terminar ■ hacer ■ empezar ■ comer ■ estudiar ■ escribir ■ salir

REGULARES	IRREGULARES

5.6. Completa.

	cenar	comer	escribir
Yo	ceno		escribo
Tú		comes	
Él/ella/usted	cena		escribe
Nosotros/as		comemos	
Vosotros/as			
Ellos/ellas/ustedes	cenan	comen	

	empezar	volver	hacer
Yo			
Tú		vuelves	haces
Él/ella/usted	empieza		
Nosotros/as	empezamos	volvemos	hacemos
Vosotros/as	empezáis		
Ellos/ellas/ustedes		vuelven	hacen

5.7. Ordena las palabras para formar frases correctamente.

1. levanto/las/Me/ocho/a.

....

2. la/Hago/tarde/compra/la/por.

....

3. trabajar/Empiezo/a/media/las/nueve/a/y.

....

4. ducharme/antes/Desayuno/de.

....

5. casa/a/Vuelvo/seis/a/las.

....

6. la/noche/televisión/la/veo/Por.

....

7. acuesto/muy/Me/tarde.

....

8. y/Como/media/la/una/a.

....

5.8. Completa estas frases con la palabra que falta en cada una.

1. la tarde voy a clase de francés.

....

2. Antonio, ¿a qué hora levantas?

....

3. ¿acuestas pronto?

....

4. Normalmente levanto a las siete.

....

5. la noche ceno una ensalada.

....

6. Antes acostarme me ducho.

....

7. Mis hijas acuestan muy pronto.

....

8. las diez voy a trabajar.

....

5.9. Completa este texto con los verbos del cuadro.

■ volver ■ cenar ■ ir ■ trabajar ■ comer ■ leer ■ levantarse ■ terminar ■ acostarse ■ desayunar ■ empezar ■

Ismael (1) .... en la universidad, es profesor de Historia. (2) .... a las ocho y media de la mañana, (3) .... café y fruta y sale de su casa a las nueve y media. (4) .... a trabajar a las diez. A las dos (5) .... en la cafetería de la universidad con sus compañeros de trabajo. (6) .... de trabajar a las cinco y después (7) .... al gimnasio. Luego (8) .... a casa y (9) .... el periódico. (10) .... con su familia. (11) .... muy tarde, sobre la una y media.

5.10. **Completa el texto con los pronombres interrogativos adecuados.**

1. ¿A .... hora te levantas?

2. ¿.................... comes?

3. ¿.................... vas a trabajar?

4. ¿Con .... cenas?

5. ¿.................... desayunas normalmente?

5.10.1. **Relaciona estas respuestas con las preguntas anteriores. Escribe el número de la pregunta al lado de la respuesta.**

a. En la cafetería de la universidad. ....

b. Café y tostadas. ....

c. A las siete y media. ....

d. En autobús. ....

e. Con mi marido. ....

5.11. **Escucha y escribe las horas que oigas.**

[32]

	Horas	¿Qué hace Agustín?
1.		
2.		
3.		
4.		
5.		
6.		
7.		
8.		

5.11.1. **Vuelve a escuchar la grabación y escribe qué hace Agustín a esas horas.**

5.12. **Ordena estas letras para formar adverbios de frecuencia.**

1. EMSPRIE ....

2. EMUDNO A ....

3. MNOLMTEERAN ....

4. UNACN ....

5. SEEVC A ....

5.13. **Busca cinco adverbios de frecuencia. Empieza en la S.**

S	I	E	M	P	R	E	C	R	E	T	I	Z	T	R	U	B	N	O	R	M	A	L	M	E	N	T	E	S
Ñ																												U
I																												R
O																												N
D																												U
U																												N
N																												C
E																												A
M																												R
A																												U
J	E	M	A	L	E	U	B	A	L	E	S	E	C	E	V	A	G	O	T	A	X	I	U	O	S	O	P	R

5.14. **Coloca los adverbios de la actividad anterior debajo de cada dibujo, según su grado de frecuencia.**

1. ....

2. ....

3. ....

4. ....

5. ....

5.15. Escribe estas palabras en el cuadro correspondiente.

■ marzo ■ comer ■ nunca ■ por la mañana ■ a veces ■ julio ■
por la noche ■ empezar ■ noviembre ■ levantarse ■ febrero ■ a menudo ■ hacer
■ por la tarde ■ acostarse ■ enero ■ normalmente ■ volver ■

Meses del año	Acciones habituales	Adverbios de frecuencia	Partes del día

5.16. Escucha a tres personas famosas hablar de qué hacen un día normal e identifícalos.

[33]

Javier Bardem (actor)

1. ....

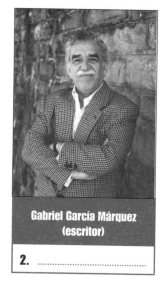

Gabriel García Márquez
(escritor)

2. ....

Pau Gasol
(jugador de baloncesto)

3. ....

5.17. Escribe un texto explicando qué haces tú en un día normal en tu vida.

Etapa I. Nivel AI.I

5.18. Escucha lo que dicen estas personas sobre sus hábitos y marca con una ✗ si estas frases son verdaderas (V) o falsas (F).

[34]

	V	F
1. Mi marido y yo siempre comemos en casa.	○	○
2. Nunca voy al cine los fines de semana.	○	○
3. Normalmente como en el trabajo.	○	○
4. Mi hijo se levanta a las 8.30 todos los días.	○	○
5. Mis amigos se acuestan tarde los fines de semana.	○	○
6. A veces, voy al gimnasio.	○	○
7. Normalmente los domingos como con mi familia.	○	○
8. A veces, por la noche, veo la televisión.	○	○

5.19. Lee este texto sobre los hábitos de Marina y Ramón durante los fines de semana y contesta a estas preguntas.

¿Qué hacen Marina y Ramón?

Siempre ....

Normalmente ....

A menudo ....

A veces ....

Nunca ....

Para nosotros el fin de semana empieza el viernes por la tarde. Normalmente, este día salimos a tomar unas cervezas con los compañeros de trabajo y después vamos a casa, porque estamos muy cansados.

A menudo, los sábados por la mañana, hacemos las tareas de la casa y la compra. Normalmente, comemos en casa, pero a veces vamos a algún restaurante con amigos. A menudo, los sábados por la tarde vamos al cine o al teatro, nos gusta mucho, y por la noche cenamos en algún restaurante.

Los domingos son días más tranquilos, nunca nos levantamos pronto. Ramón siempre va a comprar el periódico y yo hago el desayuno. Siempre comemos con mi familia; mi madre hace una paella muy buena. Por la tarde, a menudo, nos quedamos en casa y vemos una película, o leemos un libro. Siempre nos acostamos pronto, porque al día siguiente es lunes y tenemos que levantarnos a las siete.

5.20. Escribe un texto explicando qué haces tú con tu familia o amigos los fines de semana.

....

....

....

....

....

....